GRAVITARE

关 怀 现 实 ， 沟 通 学 术 与 大 众

MEIN LEBEN IN DEUTSCHLAND
VOR UND NACH 1933

纳粹与哲学家

一个人的流亡史

KARL LÖWITH

[德] 卡尔·洛维特 ———— 著

区立远 ———— 译

SPM
南方传媒　广东人民出版社

· 广州 ·

图书在版编目（CIP）数据

纳粹与哲学家：一个人的流亡史 / (德) 卡尔·洛
维特著；区立远译. -- 广州：广东人民出版社, 2025.
6（2025.9重印）. --（万有引力）. -- ISBN 978-7-218-18506-4

Ⅰ. B516.59

中国国家版本馆CIP数据核字第20257GG548号

NACUI YU ZHEXUEJIA：YI GE REN DE LIUWANGSHI

纳粹与哲学家：一个人的流亡史

[德]卡尔·洛维特　著　区立远　译

出 版 人：肖风华

书系主编：施　勇　钱　丰
责任编辑：陈　晔
营销编辑：黄　屏
责任技编：吴彦斌

出版发行：广东人民出版社
地　　址：广州市越秀区大沙头四马路10号（邮政编码：510199）
电　　话：（020）85716809（总编室）
传　　真：（020）83289585
网　　址：https://www.gdpph.com
印　　刷：广州市岭美文化科技有限公司
开　　本：889毫米×1194毫米　1/32
印　　张：9.875　　字　　数：188千
版　　次：2025年6月第1版
印　　次：2025年9月第2次印刷
定　　价：78.00元

如发现印装质量问题，影响阅读，请与出版社（020-85716849）联系调换。
售书热线：（020）87716172

译者导言：关于洛维特与这部自传

卡尔·洛维特是德国 20 世纪重要的哲学家，但他的名字连在他的祖国德国都不算是家喻户晓。虽然洛维特早在出版《从黑格尔到尼采：19 世纪思维中的革命性决裂》（1941）[1]与《世界历史与救赎历史》（1949）[2]等主要作品时，便奠定了作为历史哲学家与哲学史家的国际声誉，但是他的研究领域并不限于此，还包括哲学人类学、社会学、新教神学；而他把握问题与剖析手法之犀利、对西方思想传统的修养之深厚，更使他的哲学成就独树一帜，不容易用学院一般的哲学领域来适切标定。因此整体来说，

1　德文原版（*Von Hegel zu Nietzsche. Der revolutionäre Bruch im Denken des neunzehnten Jahrhunderts*）于 1941 年问世，至 1986 年先后由几家著名出版社出版，一共印行了九版，还被译成意大利文（1949、1969）、日文（1952/53）、英文（1964）、法文（1969），中文版于 2006 年由生活·读书·新知三联书店首次出版，李秋零译。（本书注释如无特别说明，均为译注或编注。）

2　第一版于 1949 年以英文发表（*Meaning in History: The Theological Implications of the Philosophy of History*）；1953 年出版德文版（*Weltgeschichte und Heilsgeschehen. Die theologischen Voraussetzungen der Geschichtsphilosophie*），而后被译为西班牙文（1956）、意大利文（1963）、荷兰文（1960）、日文（1964），中文版则于 1997 年由香港汉语基督教文化研究所首次出版，李秋零、田薇翻译。

他的思想仍有相当的部分与面向没有得到学界应有的反响[1]。德国的麦兹勒（Metzler）出版社在他辞世之后，陆续为他出版了九大册的作品全集[2]，其中包含专论十余本，加上所发表的各式文章接近三百篇，编选十分严谨，为仍在进行中的洛维特研究提供了坚实的基础。本书则因为发现太晚而没有收入全集，但是在他所有作品当中，却可能是最通俗、最容易让人认识他鲜明的思想和性格的一部。

这本书的诞生与出版，背后有漫长而崎岖的历程，让我们从洛维特的生平经历说起。卡尔·洛维特1897年出生在一个富裕的犹太裔中产家庭，父亲威廉·洛维特（Wilhelm Löwith，1861—1932）是一位白手起家的画家，也是慕尼黑与维也纳艺术学院的教授。他发迹的19世纪末，可说是一段德国史上的黄金岁月，经济、科技、学术、医药的发展，现代化的基础建设

1　关于洛维特的思想世界，本文无法作翔实的铺陈。读者可参看洛维特自己的现身说法（见本书第271页），这是洛维特1959年在海德堡科学院院会上所做的演讲，其中介绍了自己一生的思想进程。此外很值得一读的是刘小枫为《世界历史与救赎历史》与《从黑格尔到尼采》中译本所写的两篇导言，是笔者目前所见对洛维特的思想梗概最好的中文介绍。德文文献则相当丰富，Wiebrecht Ries, *Karl Löwith* (Stuttgart, 1990, S. 142—143) 有一篇精选的书目，是不错的开始。

2　Karl Löwith, *Sämtliche Schriften* (Stuttgart: J.B. Metzlersche Verlagsbuchhand-lung, 1981—1988)。从各卷标题中读者可概略见到洛维特思想的范围：第一卷《人与人的世界：关于哲学人类学的讨论》（1981）；第二卷《世界历史与救赎历史：对历史哲学的批判》（1983）；第三卷《知识，信仰，怀疑：对宗教与神学的批判》（1985）；第四卷《从黑格尔到尼采：19世纪思维中的革命性决裂》（1988）；第五卷《黑格尔与19世纪里哲学之扬弃／韦伯》（1988）；第六卷《尼采》（1987）；第七卷《雅各布·布克哈特》（1984）；第八卷《海德格尔——贫困时代的思想家：哲学在20世纪的地位》（1984）；第九卷《神，人，世界／关于维柯与梵乐希》（1986）。

（如自来水、电力与电话等的普及），都在这二三十年间有很大的进展，后来的史家以当时在位的皇帝威廉二世（Wilhelm II, 1888—1914）之名，称之为"威廉时代"。

由于1871年德国统一时，德皇威廉一世（威廉二世的祖父）将德国北部各邦已经先行实施的公民平等法律一体适用于全国，于是从中世纪以来针对犹太人的种种歧视性的规定与职业限制皆不复存在，许多犹太家庭便把握这个机会，从外地来到德国，从乡下涌入都市，在这黄金的二三十年中艰苦奋斗，取得了丰硕的成果，像久旱的土地上下过了雨，百千花朵拼命地绽放。那时犹太人占德国总人口不足1%，但进入中产阶级的比例却远远高于其他德国人，有超过六成的犹太人成为殷实的富裕阶级，陷于贫困的犹太人则是族群中的少数。根据一项统计，在1900年前后，德国金融业的高层领导人中，犹太裔者约占三分之一[1]。其他如报业、出版业、工业，甚至学术等各领域，也都有远超过上述比例的犹太人进入顶尖的领导阶层。因此，这段时间里，德国民族主义者仇犹反犹的声音日渐高涨，德文中的"反犹"（Antisemitismus）一词便于此时成形，而在不久之后，更具体汇流成为迫害洛维特以及其他无数犹太人的力量。

在此世纪交接的时代，富裕阶层的青少年当中兴起了一场

1　*Geo Epoche*, 20，犹太史专刊（2005）。

"青年运动"[1]。简言之，这是中产阶层以上家庭的青少年主张要自我实现、自我教育，而不愿意顺从高度技术化了的社会对他们的种种要求。这运动因此有一种反叛的特征。青年运动的精神导师便是尼采（1890 年发疯，1900 年离世）。洛维特青少年时深受青年运动影响，在慕尼黑实科中学[2]时代便已熟读了尼采的名著《查拉图斯特拉如是说》，而且终其一生，尼采的"永恒轮回"的概念都是他批判传统历史哲学的重要元素。他自愿参加 1914 年爆发的一战，主要的动机与其说是爱国主义——事实上洛维特的政治兴趣一直并不明显——不如说与青年运动的关系更为密切，因为自愿从军正是少年的自我决定，也是对原本生活的逃脱与背叛。

在参战、负伤、两年的战俘生涯之后，洛维特于 1918 年返乡，进入慕尼黑大学就读，并在这一年的冬季学期听了韦伯著名的《学术作为一种志业》的演讲[3]。这次演讲给他留下了难以磨灭的印象，也为他的学问志向指点了方向[4]。德国战败后德皇退位，慕尼黑正因苏维埃革命而混乱不明，洛维特决定遵循韦

1　青年运动（Jugendbewegung）是德国 19 世纪末、20 世纪初兴起的一个影响深远的运动，支流派别众多，是此时期广泛的文化、社会批判潮流的一个环节，参加的青少年多像洛维特一样出自中产家庭，参加者结成社团、旅行漫游，主张青少年有自我决定、自我教育的权利，该运动颇受尼采的作品影响。德国现在的青少年政策、青少年组织与青少年社会工作等都留有这个青年运动的影响。

2　与必修希腊文和拉丁文的传统人文中学（Humanistisches Gymnasium）有别，实科中学（Realgymnasium）重点在拉丁文与现代语言，但是毕业生一样可以上大学。

3　中译请参见韦伯著，钱永祥编译：《学术与政治》，上海三联书店，2009 年，第 142 页。

4　见本书《两个德国人》一节。

伯的指示，将"当前的工作做好"，而这当前的工作，对他来说，就是哲学。

于是他转往弗赖堡（Freiburg）跟随胡塞尔读哲学，但被当时还默默无闻的胡塞尔助理海德格尔所吸引。对这一段大学生活，洛维特在本书中有深刻的描述。这样的大学经验非但难以用今日一般就业取向的标准来衡量，就连洛维特自己 1928 年之后在马尔堡大学任教时，也认为已经一去不复返：

> 从外在条件来看，那是个困顿的时代，充满着危险、困厄与动荡，然而那同时也是一个最坦然开阔、最不受拘束，也最为独立的年代。在这段时间里，年轻人仍知道要找寻自己的道路，能各自成就自己的特殊性。人们从战场里回来，对精神食粮充满渴望，而我们在大学里也确实能够依照自己的判断找到这些食粮，大学的缺陷并不构成障碍。日后海德格尔也跟我说，他再也没有遇到过同那时候一样的一群学生了。我们是最后一代自由的学生——不曾被集体价值统一烫平，也不以快速毕业为基本心态。[1]

夹在弗赖堡与马尔堡时期之间的重要插曲，是 1923 年的恶性通货膨胀。这场经济灾难摧毁了自"威廉时代"以来的市民阶层，洛维特的父亲在短期内丧失了辛苦经营 40 年所积累的财

---

1 见本书第 115 页。

富。洛维特在书中对魏玛共和国这段时期（1918—1933）的政治局面虽然着墨甚少，但对这一场恶性通货膨胀却有深入的刻写，因为此一事件不只切身影响他的家庭，也被他视为当日盛行的文化虚无主义的外显，更是欧战的真实意义的表现，同时预先为纳粹党人的政变作了准备：

> 它（战争）代表一种倾其所有的支付行为，一种全盘的毁灭，其结果就成了这段物价膨胀期间的一切归零，也是这千年帝国的归零。德国中产市民的美德在当时被洪流冲走了，而这股污秽的洪流里夹带着的运动力量，在希特勒身边排成了战斗的队形。（见本书第126页）

1928年洛维特完成就职论文[1]，在马尔堡取得"编外讲师"[2]的身份。1929年与柏林女孩埃达（Ada）结婚，1931年得到固定的教职，自此他有机会过上平淡的哲学教授生活。然而从1933年希特勒上台后，犹太人的法律地位、工作与财产权益便开始岌岌可危。洛维特对于纳粹初掌权时学院里的观望、被动、苟且、逢迎，以及学生的激进与肤浅，做了精彩的近身观察。整个大学体系毫无抵抗，怯懦地接受一体化运动，唯一在报上

---

1 按德国学术体制，在博士之后与申请教职之前必须完成的论文。

2 编外讲师（Privatdozent）是德国学术体制的特殊职位，凡完成就职论文者，等于就在该学院取得"编外讲师"的身份，有开讲座课的权利（venia legendi），但是没有国家的聘书，还不是公务员，只能支领课时费。这制度在今天的德国大学里仍然有所保留，主要在人文科学领域。

作了严正抨击的神学家卡尔·巴特（Karl Barth），却是一个瑞士人。经历此段过程的德国学者，在战后愿意如实描述当时情况者并不多见。洛维特提供的，与其他许多速写段落一样，是一份可贵的报道。

洛维特这本传记里描述最多的个人，是海德格尔，这位引导他进入哲学世界，使他的学院生涯成为可能的导师，随即也因时代政治、哲学路线与人格行事等主客观因素而成为他猛烈抨击的对象。洛维特对海德格尔的批评并不是单纯地针对他为纳粹效力的行为，而是更深刻地指出海德格尔的政治投入，其原因根植在他的哲学思想里面。这不是"一时的失节"，而是如柏拉图三赴西西里一样，其政治行动是思想的自然结果。多年以后，洛维特经历了18年的流亡生涯回到海德堡任教，与海德格尔的关系也没有立刻恢复。海德格尔在战后顽强地拒绝对犹太大屠杀的悲剧公开表明立场，引起支持者与抨击者间激烈的讨论。洛维特于1953年出版了《海德格尔——贫困时代的思想家》，对海德格尔哲学进行了严厉的批判，而此书主要的线索，早在他1941年的这部自传里便已有清晰的呈现。由此可见洛维特思想的一贯性。[1] 洛维特在这部自传里不只批评了海德格尔，也对他的人格与精神、行事与反应方式做了生动细致的侧

---

1 洛维特自1938年起便与海德格尔停止联络，见本书第121页。他与老师的紧张关系，直到1969年海德格尔80岁生日会上，才终于舒缓下来。洛维特出席了庆祝会，发表了一篇庆生的演讲（*Zu Heideggers Seinsfrage: Die Natur des Menschen und die Welt der Natur. Zu Heideggers 80. Geburtstag.1969*），此文后来收在洛维特的演讲集 *Aufsätze und Vorträge 1930—1970*, Stuttgart, 1971, S. 189—203，开头处表达了对老师的哲学启发的感谢。

写。伽达默尔[1]在给洛维特70岁祝寿的论文集里，曾赞誉他有可能是德国当代哲学家里文笔最优秀者，这论断在侧写海德格尔的例子上可说得到有力的证明。洛维特擅长用小故事或三言两语把一个人的模样、精神精准抓出来，在这部自传中也是随处可见。

本书有许多主题发人深省，即便到今天也仍有时代意义。比如他对犹太文化与德国文化的认同问题的反思。犹太人在欧洲的分布很广，在纳粹进行系统迫害之前，从欧洲最西边的西班牙到最东边的苏联都有。其中在东欧的犹太人，最概括地说，锡安主义比较盛行，对犹太信仰、犹太生活方式、希伯来文的学习与《妥拉》经典的研读都很重视。他们受居住环境同化的程度小，所造成的冲突也大。但在西欧的犹太人，文化认同与解放的情形就比较普遍，其中洛维特的家庭即为典型的例子：他的父亲在文化上是个道地的德国人，完全没有犹太的信仰。洛维特对此有清楚的意识，他知道自己向来努力从犹太文化走出来，因此尽力排除自己身上的犹太属性，也对犹太意识明显者感到排斥[2]。自传中他对于1933年被迫在"犹太人"与"德国人"两种身份之间选边站感到愤怒。犹太人的历史以"大流

---

1 汉斯·格奥尔格·伽达默尔（Hans Georg Gadamer, 1900—2003），德国20世纪最重要的哲学家之一，其作品《真理与方法》（*Wahrheit und Methode*, 1960）是西方诠释学的经典巨著。

2 见本书第180、189页。

散"（diaspora）开始 [1]，极早便已成为欧洲文明的一部分；纳粹德国责怪他们用伪装来败坏德国文明，是狭隘的血缘主义，而其实欧洲文明自始便容纳多种种族的影响，其核心从根本来说，并非基于血缘，而是一种批判的精神。[2] 事实上犹太人早已用他们的表现证明他们有能力"毫无保留地"进入欧洲文化；若排除犹太人的贡献，欧洲文明是不可想象的；犹太人的经济贡献与文化创造早已是欧洲文明不可逆的重要组成部分。然而被迫选择认同的犹太人中，不是所有人都能看清事实。他们当中有人从未想过自己不是德国人，甚至还热切地支持希特勒，却一夕之间必须流亡国外；也有人"觉醒"自己属于犹太文化的"事实"，从此洗心革面，回归犹太信仰。在这道认同的光谱中，存在许多不同情状，也各有各的悲剧，都在洛维特的笔下得到了或鲜明或简洁的刻画。

1　犹太人在公元 70 年与 135 年罗马人两次迫害与镇压之下，绝大多数犹太人就此离开了巴勒斯坦，毫无目标地散落到世界各地，开始了所谓的"大流散"的历史。在基督教成为主流宗教之前，犹太人只受到政治经济的歧视。但在基督教兴起之后，犹太人在早期基督教神学家的论述中，成为上帝的弃民，而这样的歧视与偏见经过教父讲道与著述传播的影响（比如奥古斯丁），而成为反犹思想的主要理论基础。

2　洛维特在一篇写给日本读者的文章中说过："欧洲精神根本来说是一种批判的精神，一种懂得分辨、比较与决定的精神。虽然乍看之下，批判是某种全然否定性的东西，但是在批判之中，却含有一种正面的力量，能避免流传下来的与现存的事物陷入僵化，并能推动其继续发展。批判因此成为我们（欧洲人）进步的原理，任何现有的事物，都在批判中渐次地被打散、被推进。东方人无法忍受这种毫不容情的批判，不管这批判是针对自己还是指向他人。……这个囊括一切，质问、怀疑与研究一切的批判事物的力量，正是欧洲生活中的根本元素；没有这种力量，欧洲生活便不可想象。"洛维特此说虽有另外的脉络，但正好也是对纳粹德国摆平一切异见的一体化运动的绝好批评。

1934—1936 年，因情势不明，洛维特靠洛克菲勒基金会提供的一份奖学金避居意大利，但名义上仍保留马尔堡大学讲师的身份。1935 年初，教职被剥夺，他在德国的生存基础至此完全消失[1]。1936 年，意大利的法西斯政党也照搬了德国的种族法令，犹太人必须在半年内全数离境。洛维特设法申请波哥大与伊斯坦布尔等地的教职，皆未成功。眼看就要走投无路，这时却发生了奇迹一般的事情：昔日在马尔堡大学时期结识的、前来跟海德格尔学哲学的日本哲学家九鬼周造[2]（此时任职京都帝国大学哲学系）为他居中联络，帮他在日本仙台的东北帝国大学谋到了职位。洛维特夫妇于是打点了行李，在 1936 年 10 月 11 日于意大利那不勒斯港登上了日本邮船"诹访丸"（*Suwa Maru*），前往遥远的日本。

洛维特在本书中跳过了 33 天的旅行日记，直接从到达日本之后的事开始写起[3]。这段航海日记后来于 2001 年在德国出

1　这还是在通过《纽伦堡法案》（1935 年 9 月）之前。按照《纽伦堡法案》，德国法律只保护具有德国血统的公民，为往后一切歧视与迫害犹太人的法令提供了合法的基础。因此马尔堡大学当时的做法是"不合法"的，因为他当时还受到"前线条款"（Frontparagraph）的保障（即：上过战场的犹太人不受 1933 年的《公务员保护法》的限制，可以继续任职），洛维特才会前去据理力争。

2　日本哲学家九鬼周造（Kuki Shuzō, 1888—1941）。1920 年代有不少日本学生在马尔堡追随海德格尔读书，然而海德格尔的语言让他们感到十分辛苦。当中有不少人向正在撰写就职论文的洛维特求助，洛维特也乐于帮忙，九鬼便是其中之一。不过九鬼在马尔堡时已是仙台东北帝大的讲师。

3　见本书第 218 页。

版[1]，里面多是他在船上对船客、各站风情、旅途的辛劳的叙述，虽然有他一贯的细腻与清晰，但大多跟纳粹经验无甚关系，这或许是他跳过不录的原因。下面摘选相关的两小段作为补充。

在他登船即将离开欧洲时，洛维特在自传里只简短地说了"告别意大利，我比离开家乡还难过"。《旅行日记》中则更完整地记下了他在此刻人生转折的感受：

当船离开那不勒斯的港口，异国的国歌响起时，因为被强制移民而产生的所有的悲苦之情，又再度向我袭来。如果不是因为绝大多数"善良无辜"的德国人都无可救药地相信了报纸、电台以及政治宣传，以至于他们对"移居国外者"只有一种印象，以为这些都是对德国充满怨毒、在外搞恐怖宣传以及一些不干净的分子，终生的任务完全只在于在外国伤害德国，被迫移民也不至于像现在这样伤人，这样使人沉重。可是实际上正就是这些善良无辜的德国人，以一种只能用卑劣来形容的方式，对待着那些仍在国内生活着的、那些被迫移居国外的，甚至是那些在战争中为了国家而丧生的德国犹太人，而且对为数如此众多的受侵害者默默忍受的苦衷没有丝毫的理解，更不愿去理解，

1　《旅行日记》（*Von Rom nach Sendai. Von Japan nach Amerika. Reisetagebuch 1936 und 1941*. Herausgegeben von Klaus Stichweh und Ulrich von Bülow, mit einem Essay von Adolf Muschg, Deutsche Schillergesellschaft Marbach, 2001）。洛维特的遗稿是由位于马尔巴赫（Marbach）的德国席勒协会管理。

只为了不希望他们"解决犹太人问题"的简单方案受到任何干扰。现在在德国，就算犹太人问题已被解决，"德国问题"也不会因此完结；一个德国犹太人仍然远比一个日耳曼种的小德国佬更了解，什么才是真正的德国。

此外，这艘"诹访丸"号从意大利出发，经过苏黎世运河、红海、印度洋前往日本的航程，中间有一站是台北。乘客除了少数英国人、美国人之外，其余大多都是日本人。洛维特夫妇上船不久，仙台大学便传来电报关心他们的旅行状况。船上日本人得知洛维特是受聘到日本任教的哲学教授之后，登时对他们十分尊敬。因此邮船离开香港，抵达基隆时，日本人特别安排了洛维特夫妇与其他几位西方人做了台北一日游。日记上有这样的记载：

（1936年）11月10日上午在台湾岛靠岸。港区有防御工事，离船的检查十分严格。有船坞，有工厂，一切看起来都很破败，好像还没盖完一样，尽管台湾岛在甲午战争之后已经落入日人手里40年之久。这个港口名为基隆，一片的脏乱可怜；几位日本先生安排了一辆汽车带我们前往台北参观。所走的公路路况恶劣，让汽车爆了几次胎。同行的英国人对于已经经营了四十年的文明设施却仍然如此凄惨感到惊讶，也有道理感到惊讶，但是日本的先生们仍然很骄傲他们在这里的成绩，因为从前这里尚住着出名的猎头族，而猎头者是当地的原住民，被猎头的人则是外来者！现在这些原住民只得改用微薄一些的礼物献给神明了。中国的居民现在有了学校，必须学习阅读与书写。仍未完成的公路两边立着可怜而肮脏的砖造房屋，里面住着穷人，看上去让人觉得，他们在新的统治者手下过得实在不好。但是这块土地非常肥沃，谷地的平原上大量种植着稻米、茶、香蕉、樟脑，高耸的山景看上去十分壮观，日本人说，上面有些地方仍是原始状态。到了台北，总督的驻地，日本人在此处设立了一间银行、一家邮局、几所学校、几座公园，甚至还有一所"大学"[1]，但是这些都不引人久留观赏。最漂亮的，是一座古老的中国城门[2]。也因此当我们去附近一座寺庙（神道教的神社）[3]参观时，令我倍感出乎意料。这是一座新建的、但是按照极为古老的传统建成的设施，让我第一次对于异教的寺庙有了一点概念，也第一次认识到什么叫做与自然的力量相和谐的"神圣树林"。

日记中接着是洛维特对台湾神社详细的描述，以及在这印象下所作的一些思考，颇有一些篇幅，此处无法全部录写，但对于这座神社的研究而言，是一份有意思的史料。由于历史的

1　应指台北帝国大学，创设于 1928 年，此时只成立八年。

2　推测是小南门。

3　台湾神社，日本在台湾最重要的神社，位于剑潭，1944 年毁于一场飞机失事。原址现在是圆山大饭店。

偶然，洛维特可能是西方重要哲学家中，唯一到过台湾岛的人。

洛维特在日本任教的时间是 1936 —1941 年，这段难得的东方经历，给了他许多近身观察东方文明以及回头审视与比较欧洲文化精神的机会。《洛维特全集》第二册里收录了他一些与日本相关的思考，如在《欧洲虚无主义》(1940)文末的《后记：给日本读者》，他对于日本吸收西方文明的方式提出了批判；《关于东方与西方之差异的几个注记》(1960)总结了他对东西方精神的比较，分析极其深刻，可与本书中对德国文化精神的分析、对意大利民族性的深入观察互相参照。[1]

以上所述主要提供了一些信息与背景，以帮助对作者与此书的理解。事实上或许不需要太多的介绍，当中许多事，他自己已经做了最好的说明。

最后回到这本自传的出版故事：这本书原本是作者在日本流亡的最后一段日子里(1941 年 1 月)，为了参加征文活动争取奖金、贴补移居美国所需的旅费，而在短时间内从自己的日记与搜集的书信、文件里整理写出来的自传文字。然而这份报告显然太过哲学性，不合哈佛大学征文单位的需求，因此没有得奖。事后洛维特也无意出版。此后这份文稿便跟着洛维特夫妇的行李，从日本到美国(1941 年 3 月)，辗转多处。1952 年，经昔日同窗伽达默尔的接洽，洛维特返回德国，在海德堡大学哲学系任教，1964 年退休，1973 年过世，这份稿子已经无人想

---

1 见本书《奥地利人、德国人以及意大利人》《意大利人与德国人》两节。

起，直到遗孀埃达整理稿件时才被重新发现，1986年才终于出版。像时间胶囊一样沉寂如此之久，却在条件完全改变了的时代重新问世，也算是难得的奇书。书中所描述的人、事物及其角度，不是后人搜集资料所能代作，甚至也不是原作者事过境迁之后所可能重写。哈佛征文一事如今无人知晓，稿件也不知去处。不过随着"流亡文学"研究的兴起，德国美因茨大学教授德特勒夫·加茨（Detlev Garz）于1994年在哈佛大学的档案馆里重新发现了这批应征稿件，所以现在知道当初共有270份报告参加应征，文章长度介于120—300页的打字稿之间。当中也有些精彩的报告现在已经出版。[1]

恩斯特·A. 施密特（Ernst A. Schmidt）教授在本书翻译过程中曾经提供协助，解释许多困难的地方，在此表示感谢。他1960年代在海德堡读书时曾经上过洛维特的课，也认识洛维特夫人。据他转述，洛维特讲课都是把整篇讲义完全写出，上课时则一句一句地宣讲，语调相当单调，课堂上学生并不特别多。当时的海德堡哲学系里，伽达默尔比较热门。洛维特夫妇没有子嗣，也并不富有，晚年在海德堡过着很简单的生活。

1　见 John M. Spalek/Konrad Feilchenfeldt/Sandra H. Hawrylchak (Hrsg.): Deutschspra-chige Exilliteratur seit 1933 Bd. 3:USA, Teil 1 (Bern/München: K. G. Saur Verlag, 2000)。另可参考哈佛大学怀德纳图书馆对该档案的网路导览，见 http://oasis.harvard.edu:10080/oasis/deliver/~hou01275，以及当年为介绍这个档案所出版的导览手册：Harry Liebersohn and Dorothee Schneider, *My Life in Germany Before and After January 30, 1933: A Guide to a Manuscript Collection at Houghton Library, Harvard University*, American Philosophical Society, 2001.

目　录

1934—1936

1936—1939

引言 [1]

在德国，月历上虽然用基督诞生的"前"与"后"来区分欧洲的历史，但这区分在人的心里却已经荡然无存。从一战中诞生的独裁政权，跟从前的法国大革命一样，正开启整部历史的新纪元。而事实上，不可否认地，一切都跟以前不一样了，变化已成事实，这在德国没有人能争辩。而在这一点上，希特勒的党人跟那些注定只能缄默的反对者，意见是一致的——正如一位朋友前些日子从德国的来信上所说 [2]："一切都过去了。"

以下的记录意在提供一些材料，让人去看清楚这一场革命。记录所根据的完全只是我对自身经历的回忆以及一些书信，还有从 1933 年起开始收存的其他第一手文件。因生活的动荡，这些文件也相应地出现残缺而且带着偶然性。尽管，跟纽伦堡党大会 [3] 的官方报道或者关于集中营的非官方信息比较起来，这些

---

1 本书根据德国麦兹勒出版社 1986 年版单行本译出。

2 洛维特这时人在日本仙台。

3 纳粹党的党代表大会在纽伦堡（Nürnberg）举行，以盛大的场面使选民如痴如狂，在希特勒进场时达到最高潮；1927—1938 年间每次举办都引人瞩目。

只关系到我个人的言语与行动是这么无关紧要——就像把一名德国大学讲师的命运拿来跟一整个彻底的、系统的政治变动来比较一样。不过，这份记录的优点也正在于，它没有什么不得了的事件，它所传达的，不多也不少，正是一幅平凡的景象：一个不涉政治的个人，在有限的活动范围内真实遭遇的事情——这份记录只有一点不符合实情，那就是语气；人的回忆具有一种力量，即便最痛苦的往事也能加以转化。一个人隔了六年再来叙述，那些往事早已走进了他的人生，成为一种收获，而原先遭受损失时所经历的痛苦，因此也镇静了下来，被掩盖过去。但从另一方面来说，那些经历本身仍然历历在目，足以让我以一种方式描绘那些事件中的人物，使人明白：他们跟我们仍然息息相关，而其程度更胜于我们所希望。有些评判下得严厉，但我无意改得缓和些，因为这些都是新近的往事。

1940 年 1 月 14 日

1914—1933

一战与战俘经历

1933 年的德国政变，源自于一战的爆发；从 1933 年起在德国发生的一切，都是试着要把那场败仗重新赢回来。第三帝国是俾斯麦帝国的加强版，"希特勒主义"则是升级了的"德皇威廉主义"[1]，魏玛共和国夹在这两者之间，只算得上一个插曲。政变发生的头几年，有一次在慕尼黑，我坐在一间咖啡馆里，有冲锋队[2]队员在兜售明信片，上面印着腓特烈大帝[3]、俾斯麦与希特勒的肖像，还附着解说的文字，说明前两人所开创的事业，会在德国的解放者希特勒手上得到完成。这卡片正确地把德国的发展路线描绘出来了，不过如果我们考虑到这个"发展"实际上是每下愈况——从腓特烈大帝与伏尔泰的往返书信，到俾斯麦的

1　在铁血宰相俾斯麦的领导下，德皇威廉一世采取对外征战、对内统一的扩张政策。

2　冲锋队（Sturmabteilung），一般简写为 SA。纳粹党早期的武装警力，早在 1921 年便从纳粹党的会场纠察队独立发展出来。魏玛共和国晚期时，冲锋队成为纳粹党最主要的斗争部队，势力庞大，成员超过四百万人。1934 年后逐渐被从内部另外发展出来的党卫队（Schutzstaffel），简写为 SS 所取代。

3　腓特烈大帝（1712—1786），普鲁士国王。深受启蒙思想影响，与法国哲学家伏尔泰的友谊于青年时代便开始，颇受传颂。

洛维特双亲位于慕尼黑的住所，罗森街 6 号 4 楼

《思考与回忆》[1]，再到希特勒的《我的奋斗》——这明信片同时也就成为一幅嘲讽漫画：普鲁士国王的怀疑精神化身为 1870 年

代"铁与血"的口号，再变成独裁者兼煽动家摆平一切异见的喊话。

当大战爆发的消息忽然传来时，我们正在施塔恩贝格湖[1]避暑，那时我18岁，就读于慕尼黑实科中学，离毕业还有两年。1914年10月我自愿登记入伍，不到三个月，我完成了步兵训练，随着一个后备营前进到对法国作战的前线，在佩罗讷[2]附近进驻壕沟——那种想从学校与家里的中产市民阶级的狭隘气氛中逃脱出来的冲动，跟第一位好友决裂之后在内心所形成的剧烈的自责，加上尼采在我们心中唤起的对"危险生活"的向往与某种投入冒险与面对挑战的快感，特别是为了要舒缓那种通过叔本华而明确意识到的存在感，而去参与一种将此存在感收摄在内的铺天盖地的巨大情境里——就是这些或其他类似的动机，让我把战争当作一种关乎生命与死亡的契机，并乐于从军作战。

巴伐利亚禁卫步兵师的土耳根（Türkenkaserne）军营里的新兵训练极其粗暴，对志愿兵更是如此；结果我们每个人在被派上前线的那一天，都感到解脱。我被派到第八连队，连长是上尉克劳斯（Freiherr von Krauss）男爵，营长是埃普（Epp）上校——他后来在1933年被任命为巴伐利亚的纳粹邦长。在冬天里进行阵地作战非常艰苦，必须长时间忍受泥泞战壕里的潮湿。

1　施塔恩贝格湖（Starnberger See）在巴伐利亚邦，介于慕尼黑与阿尔卑斯山之间，慕尼黑人的避暑胜地。

2　佩罗讷（Péronne），法国北部城市，临近索姆河战役发生地。

1914 年出征之前

我们这些年轻的志愿兵，比起那些受征召的常备军人更能应付这样的处境：他们心里挂念着妻小，而我们单身，没有牵挂。有一次进行夜间搜索，我前进到离法军壕沟只有 50 米远的地方，因此得到第一次晋升。我至今仍然保存着在那次行动中取得的三片蓝白红旗帜的小碎片，我把它们寄给父亲当生日礼物，父亲则请人用框把它们裱了起来。我们的克劳斯上尉举止带着点歌剧表演的味道，因此士兵们叫他"卡鲁索"[1]。他性格高尚，戴着单片眼镜，十分懂得带兵，业务驾轻就熟。我的同学洛索（v. Lossow）在同一师里担任掌旗军官，他特意向克劳斯提到了我，所以克劳斯有时会免除我的一些例行勤务，让我到军官

1　指恩里科·卡鲁索（Enrico Caruso），当时最优秀的意大利歌剧男高音。

埃普上校，1915 年

的地下工事里为连队写报告。大战结束后的一天我在慕尼黑街上遇到他，他身上不再穿着笔挺的军服，而是一件破旧的短夹克，他叫住我，跟我聊了起来，说自己在一家艺术品出口公司当职员。我同学洛索战后在《慕尼黑最新消息》（*Münchner Neuesten Nachrichten*）当编辑，后来到外国去当工业间谍，进了大企业工作——不少职业军人的出路就是这样。

　　1915 年 5 月，意大利向奥匈帝国宣战之后，我们这一师被

从法国到意大利的路上，1915 年

调到奥意边界，并入德国的阿尔卑斯军团。在克兰埃廷[1]时我有机会与父母会面几个小时，而在布鲁内克[2]的最后几天，为了准备让奥匈帝国皇帝检阅，我们被操练得十分凄惨，大家心情都很差。之后部队便开拔进入多洛米蒂[3]，驻扎在两千米的高山上。我们像骡子一样扛着沉重的装备：20 公斤重的大背包，重达4 公斤的步枪，双份的弹药，背包上还加绑了两块军毯。当我们在深夜淌着汗水到达布拉克什的韦尔德湖[4]时，就在这座高山湖冰冷的水里洗澡。这么做在平时可能招致肺炎，这时却一个人

---

1 克兰埃廷（Kleineiting），所在不详。疑为作者笔误。

2 布鲁内克（Bruneck），意大利边境城市，与奥地利接壤。

3 多洛米蒂（Dolomiti），位于阿尔卑斯山区。

4 布拉克什的韦尔德湖（Praxer Wildsee），位于多洛米蒂山区。

也没感染——人类可说是比那些步履蹒跚地驮负伙房设备的动物们更坚忍耐磨。一个 30 人的排归我指挥。跟这些服从性高、素质很好的同袍相处，对我来说一点也不难，但是要我指挥他们，心里总有排斥感。粗犷军旅生活中的同甘共苦（有调皮的士兵在军官厕所里写上"此处只准军官大便"），自然而然地在不同的家庭背景与教育程度之间搭起了桥梁。在前线的这段生活，从头到尾，不管是在士兵或军官团里，我都没有感受过任何种族的区分。

我们用加装瞄准镜的新型狙击枪，交替射击山羊或者意大利人。每天在固定的时间里，他们会经过一座跨越特拉文南查溪（Travenanza-Bach）的桥，给一个野战监视哨送食物。我的连长想要活捉几个兵来确认敌情，于是我自告奋勇地率领一支三人搜索队执行这项任务。我们在半夜走下陡峭的溪谷、跨过小溪。清晨接近四点钟时，森林里的浓雾忽然散去，我们意外地发现自己正面对一个约 20 人的意大利高山部队，想要躲过他们的注意并撤回溪对岸已不可能。我退到一棵树后，找了个射击位置，以手势知会我的伙伴，然后开枪射击。突然间我胸口中弹，好像有人一拳打得我无法呼吸一样，撞击的力量把我摔在地上，脸埋在土里。我微弱地感觉到汩汩地流着血，也无力撑起身来。刹那间我意识到自己再也回不到部队那边，从现在起我已经落入敌人的手里了。日后我才从信中得知另外三个伙伴的命运：有一个在逃跑时腹部中了致命的一枪，另外两个则在几天后进行第二次搜索任务时丧生。日后在父亲所保留的信件里，我找到某位士兵 F.[1] 的来信，信里他向我的父母描述了他们的儿子是如何"英勇地阵亡"，他的描述充满了想象与感伤的语词，但没有一个字符合实情，全都是套用报纸上的陈腔滥调。然而我确定，他一定相信自己所写的这些东西都是真的。在中弹与了解处境的那一刹那，我脑海里闪过一个琐碎无聊的念头："真可惜了那个那么棒的包裹！"那是几天前父母从家中给我寄来的包裹，里头有上等的香烟，但现在我再也抽不到了。之后我失去了意识。重新醒来时，我发现自己躺在一个担架上，身处在一个阴暗的地下工事里，诡异的灯光闪烁不定。一位医生友善地处理着我的伤势，而另外一名年轻的翻译员正从我身上取走还有价值的财物。当天晚上我被四名士兵用担架扛着几个小时之久，经过山区，一直到下一个地点。接下来一辆装满砖瓦的载货卡车载着我到下一个野战医院，一路上颠簸得十分厉害，到达时我几乎丢了大半条命。之后的两个月中，我都在生死之间徘徊。野战医院的护理人员时常过来查看我的状况，但是我不懂他们的语言，只有一位天主教神父可以用拉丁语跟我多少作点沟通。

1　原文如此，麦兹勒出版社在出版本书时，保留了洛维特用字母缩写来指名的习惯。德国当代著名史学家赖因哈特·科泽勒克（Reinhart Koselleck）在本书德文版序言中认为："维洛特这种写法也是本书所属的时代印记的一部分，这些被缩减成字母的姓名，仿佛凝固成为人格类型与角色，读者自己可以估算他们的数量与种类。洛维特并不想告发谁，而是要展示他们。只有当代史里著名人物的名字才被完整写出来，有政治人物、学术人物，包括施普兰格尔——洛维特竟懂得为这个人在其曾做过的抵抗，与他在日本那些无聊又愚蠢的演讲之间找出共通的基础来。最后，朋友们的名字也被完整引用，洛维特提起他们的名字无需感到畏惧。"

第二个月的某天，天气晴朗，一个奇迹打断了我孤独的、除了各种疼痛之外没有任何变化的卧床生活：我亲爱的父亲费了很大的工夫获得了许可，进入敌境来看望他唯一的孩子（我的姐姐已经于1908年死去了，时年16岁）几个钟头。（意大利当时只对奥地利宣战，跟德国还没进入交战状态——尽管在奥地利的前线上从一开始就有德国军队的援助。）在病床上躺了八个月之后，我被转送到一个关押奥地利战俘的营区里，这是一个小型的要塞，位于菲纳马利纳（Finalmarina）的海边。尽管有一片受伤的肺叶恢复的情况极差，以至于永远失去了功能，但在这里我逐渐康复了，后来我为此获得一份战伤证明，还有每月19帝国马克的供养津贴。再后来，在1938年11月，也就是那时最新的一次迫害犹太人的集体行动之后，这一笔津贴又因为一个波兰人在巴黎进行的暗杀行动[1]，被政府扣留下来；同时政府还规定犹太人必须抵缴税率高达百分之二十的财产税，也就是官方所谓的"赔偿税"。

　　1　即所谓的"水晶之夜"（Reichskristallnacht）。这里粗略提及整起事件：1938年10月底，纳粹政府将境内数千名波兰籍犹太人强制押送到波德边境，欲遣返波兰，遭到波兰政府拒绝，数千人在旷野中毫无照料，一时前途不明。一名父母强遭遣送的17岁少年赫策尔·格林斯潘（Herzel Grynszpan）出于绝望，于11月7日在巴黎行刺德国使馆人员，使馆秘书恩斯特·拉特（Ernst Rath）遇刺身亡。纳粹政府利用这个借口，在11月9日的晚间到10日清晨，发动全国性的攻击犹太人行动，一般称之为"水晶之夜"（灵感或许来自砸破玻璃窗），这一夜无数的犹太教堂、店铺、住宅遭到焚毁或掠夺，超过两万六千名犹太人被殴打、杀害、监禁或送集中营。事后当局又颁布法令，强制犹太人缴纳约十亿帝国马克的赔偿款给政府，作者提到的财产税也是后续的迫害措施之一。

希特勒之前与之后的尼采

　　菲纳马利纳，一个位于里维埃拉（Riviera）海边风光明媚的小渔港，对我来说别具吸引力：不远处的毛里齐奥港（Porto Maurizio）是我少年时代的好友在一战前夏日避暑的地方，那时我在施塔恩贝格湖，与他热情地书信往返，他每周的来信里总附上可爱的素描，将利古里亚[1]的山脉柔顺又鲜明的轮廓捕捉在纸上。我的朋友就在这些山上，从月明的夜晚直到太阳升起，带着一种觉醒的德国青年[2]的纯净与认真的气质，体会着查拉图斯特拉的心境。我们两人当时可说心灵完全相通，正走在一条经由尼采而自我追寻的道路上。我们在学校里就已经读过《查拉图斯特拉如是说》，而且出于恶意特别爱在新教的宗教课上读这本书。朋友的父亲（一位学养极佳的企业巨子，后来为希特勒提供资金援助）当时也支持他做进一步的行动：声明退出

　　1　利古里亚（Liguria），意大利西北海岸，接近法国普罗旺斯地区。上述海边的小地名都在这个区域。

　　2　请参考前述的青年运动，见《译者导言》第4页注释1。

新教教会，成为"自由宗教社"[1]的会员。这社团的主持者是著名的一元论[2]及尼采研究者霍内费尔（E. Horneffer），他这个小小的社团在战前是一个勉强被容忍的争议教派，但现在却改换了形式传播到全国，成为"德意志的"基督教——一个崭新的异端，一场反教会的运动。

我自己于 1923 年以一篇关于尼采的论文拿到了博士学位，当讲师时期（1928—1934）也讲过几次关于尼采的课，在布拉格的哲学家会议上（1934）提出过把尼采视为"时代的哲学家"的观点，最后又在一本书里（1935）试着诠释尼采学说的核心思想。就算在今天——距离我第一次读《查拉图斯特拉如是说》已经 27 年，我还是找不到另外任何一位思想家比尼采更适合当作德国精神史的结尾——尽管我之所以能深刻了解"危险地生活"这一概念的危险性，必须归功于这场德国革命。尼采现在是，也将一直是德国的反理性特质或德国精神的总结。在他与其肆无忌惮的宣扬者们之间虽隔着一道深渊，可是他却为他们开了一条路，尽管自己并没走上去。我也不能否认，我在从军时期的日记里写下的座右铭"必须航行，不必生存"[3]这句话的来源虽经许多转折，却仍直接指向尼采，也通往戈培尔摆着"英

---

1 自由宗教社（Freireligiöse Gemeinde）是一个标榜脱离国家与教会、没有教条的宗教社团。

2 脱离教会的自由思想潮流之一。

3 拉丁文谚语 navigare necesse est, vivere non est。一般认为出自罗马帝国时代的希腊作家普卢塔克的著作，是古罗马名将庞培鼓励水手在恶劣天气出航时所说的话。

雄姿态"喊出的政治口号。[1]

我还保留着我这位朋友 1913 年画的一张充满悲壮情怀的自画像，这相片鲜活地表达出我们在尼采思想之下的共同生活。他的表情带着强烈的自我，尽管年少，却显露出坚韧不拔的气质，正面朝观赏者看来。他的右手握着一把剑的剑柄，略高于裸露的肩膀，剑上有"爱与意志"的字样。当我今天重新看这张相片，它在当代德国的历史脉络中变得清晰可见，因为现在的每一份画报都有大量这种德国脸——僵硬、死咬着嘴唇、紧绷得像面具，几乎不像一个有血有肉的正常人。谁要是能了解尼采对德国的意义，就不难在"革命前"与"革命后"之间的鸿沟上找到一条横亘其上的桥梁。没有这位德国最后的哲学家，人们根本就不能理解德国的这种演变，他的影响当时在德国境内是没有止境的，现在也还是一样。英美的世界——甚至连有邓南遮[2]与纪德[3]的意大利和法国——也无法完全了解尼采对德国人的吸引力在哪里，因为这种吸引力的本质对他们来说太过陌生，尼采就像路德，是一个德国独有的事件，既彻底，又预示

1　作者注：戈培尔在一场选举的演讲中说过这么几句话："想要赢得大奖的人，就得敢下注。所以我们把尼采的话实践成真理：'拿出勇气来！去过危险的生活。'然而，只要还有一二十个政党绊着我们的脚，大型的计划就根本无从实现。这些个政党创造不了历史，只能讲小故事。今天有'一'个人以帝国之名出来说话，在他的声音里回荡着六千六百万人的声音。"

2　加布里埃莱·邓南遮（Gabriele D'Annunzio, 1863—1938），意大利著名诗人，生活奢华，多绯闻，受尼采影响，崇奉独裁者墨索里尼，被归为新浪漫主义与颓废诗流派。

3　安德烈·纪德（André Gide, 1869—1951），法国重要作家，1947 年诺贝尔文学奖得主。

路德维希·卢多维奇（Ludwig Ludowici）的自画像
《爱与意志》（*Liebe und Wille*），1913 年夏

着灾难。

直到 1934 年，我已经移居国外的时候[1]，才亲眼见识到查拉图斯特拉所处的那种地貌。在最热的时候我们待在拉帕洛的波

1　洛维特在这一年从德国避居意大利。

泽托[1]，然后从该地漫步，顺着一条风景迷人的路从鲁塔（Ruta）走到波托菲诺（Portofino）。不过，最早认识到南方的绝美景致，是在菲纳马利纳当战俘的日子，以及在热那亚城高处的碉堡里。在碉堡，我从加装铁条的窗口向外眺望，看太阳从海中升起，也经历了几个最美好的、回归自我的片刻。1916 年，也是在其中一座碉堡里，经过长久的沉寂之后，我收到了朋友寄来的几张照片，他当时在孚日山脉[2]的一座防空炮阵地，之所以寄照片来，是因为他遇到了我们的生物学老师维默尔（Wimmer），我们是他最钟爱的两个学生——于是他们想到了缺席的第三人。

1　拉帕洛的波泽托（Pozzetto von Rapallo），沿海小城，位于意大利西北海岸地区。

2　孚日山脉（Vogesen），在法国东北部。

奥地利人、德国人以及意大利人

　　战俘生涯的第一年里，我是唯一的德意志帝国属民[1]，其他跟我关在一起的都来自奥匈帝国——准确地说，都是旧日欧洲最后一个帝国直至 1918 年为止统合起来的各种民族：有林茨人（Linz）、维也纳人、匈牙利人、捷克人（他们大多数都站到意大利人那边去，然后倒戈对奥地利人作战）、克罗地亚人以及波兰人。维也纳人跟匈牙利人特别懂得尽一切可能把日子过得轻松一点：通过精湛的社交、饮酒作乐、赌博、讲笑话、唱歌与音乐。跟我同一间囚室的有几位奥匈帝国的少尉与军校生，他们叫传令兵给自己理发，一理就是几小时，对于修饰自己的仪容从无闪失，而且几乎每一个都对文学有兴趣。一位长相令我想起王尔德、举止优雅的海军军官对我介绍魏宁格[2]的《性与性格》（ *Geschlecht und Charakter* ）这本书，军校生 K. 跟我讨论费尔巴哈，上尉 H. 用他的野战望远镜窥探下方海滩上的

1　1871—1919 年之间的德国是由俾斯麦建立的帝国体制。
2　奥托·魏宁格（Otto Weininger, 1880—1903），奥地利作家。

意大利女人，连长 L. 在灰石墙上画满了有趣的讽刺漫画，少尉 N. 用吃剩的意大利面条把我们囚室墙上的缝隙仔细补平——他是因为逃亡失败，所以被罚跟我以及另外七名军官在马焦雷堡（Forte Maggiore）这里关一个月的惩罚性监禁。所有这些人都具有某种特别的天赋，以及一种旧日奥地利的人文气质，而这美化了我们在碉堡的四面枯墙里拥挤且没有前途的同囚生活。1917 年我被转到沃尔泰拉（Volterra）的一个监禁德意志帝国人的战俘营，随即再被转到佛罗伦萨附近的特拉博堡（Castel Trebbio）；差别非常显著：前述种种，在这些过度优秀、组织性强、准确到琐碎地步的，永远不知满意的德国人身上，就通通都不见了。他们只会用许多完全不适合情况的要求，来把自己的监狱生活弄得更为痛苦。我跟两名少尉 H. 与 Sch. 住同一间囚室。H. 是罗斯托克[1]的现任法官，Sch. 则打算在历史系写他的就职论文，此人狂热崇拜俾斯麦，专研种族史，戈比诺与舍曼[2]是他的偶像。如果他感到狱方没能充分照顾到自己身为普鲁士军官的尊严，就会花很多时间进行抗议——把钢盔戴在头上、所有的奖章佩戴胸前，以便用庄严的姿态去见我们战俘营的意大利长官。长官则承诺会把他的抗议书转达相关单位，但是随手

1　罗斯托克（Rostock），在德国东北海岸的大城。

2　约瑟夫·阿蒂尔·德·戈比诺（Joseph Arthur Comte de Gobineau, 1816—1882），法国作家兼外交官。作品试图证明雅利安种族的优越性，对尼采与瓦格纳产生了影响。路德维希·舍曼（Ludwig Schemann, 1852—1938），德国瓦格纳研究者、种族主义者，将戈比诺的作品译成德文。

丢进垃圾桶——事实上也并没有多少事情是真正需要严正抗议的。不过，有一次我自己却也通过意大利看守兵的协助，把一封抗议信寄给瑞士大使馆（战争期间德国在意大利的事务是由瑞士使馆代理的）。使馆以书面回函，使我寄信的事情暴露出来，我因此得到"15天份的开水加面包"，也就是两星期的单独监禁，伙食只有白开水和面包。事后我又被移回前面提到的惩罚监狱关了一个月。在这样的情况下，意大利平凡小民天生的人性温暖得到了最美好的证明：负责看管我的士官常在半夜冒着受罚的危险，给我塞一些乳酪与面包进来。有一次他奉命翻搜我夹克的口袋，在里面发现违禁的香烟时，他竟然当着在场长官的面，转眼之间偷偷地放进自己口袋，向长官报告一切都合乎规定，然后当天晚上又把香烟还给我，还加上火柴。意大利人内心深处有一种天主教的人性之善，以下两个小故事或许可以说明这一点：20年后我再度来到意大利，在一间旅店遇到一位退休了的意大利老先生。他对我说，虽然他是一位将军，但"根本上说来"他是个反战的人，所以现在他致力于减少交通事故，因为他认为每年让数千人死于这种意外，不能不说是一件可耻的事情。第二个故事我是在罗马的公交车上遇到的，这班公交车在极窄的巷道里开得飞快，几乎使路人闪避不及。车上一位军官很生气地走到驾驶员旁边，对他大吼："Bisogna prendere le curve più cristianamente."意思是叫他把车子开得像个天主教徒一点，也就是说不要开得那么粗暴——要在德国遇到这么平民化的将军或听到这种天主教式的谴责，是不可想象的事情。

在意大利度过的战俘生活尽管也有各种痛苦，却唤起了我对这块土地与人民的喜爱。就算在法西斯统治了 18 年后的今天[1]，一个意大利人，不论是在罗马还是在任何小村庄，都比北方的人更算是一个真正的人，对个人的自由与人性的弱点有深刻的了解与体会，而个人的自由与人性的弱点，却正是德国人想要除去的。

1　墨索里尼于 1922 年执政，作者写作此书时为 1940 年，间隔 18 年。5 年之后轴心国战败，墨索里尼逃往瑞士，在路上被民兵逮捕射杀。

归乡之遇

以战俘身份被囚禁两年之后，因为伤势的缘故，我通过一个战俘交换计划被遣送回国。经过瑞士的车程像一次凯旋游行，整个晚上我们所到的每一站，都有友善的瑞士人给我们送来许多食品与礼物，但是过了瑞士，气氛就冷了下来。在从萨尔茨堡（Salzburg）进入巴伐利亚的边境上，我跟另外一位同样伤势严重的德国人向奥地利的同伴告别，要改搭一班德国火车。我们向车站站长报到，站长是一位老少校，对我们的招呼几乎没反应，只是粗鲁地向我们索要证件，对我们身体的状况丝毫没有一个正常人应有的关心。看起来好像仅仅因为我们是以战俘的身份活着回来而非英勇战死的这件事，就足以使他对我们产生负面的观感。红十字会开具的证明上载明了我们受伤的情况，他却认为不够，还对我们大呼小叫，然后才不情愿地以命令的口吻告诉我们接下来该坐哪班车——这就是我们在三年的"战争经历"之后，祖国对我们的迎接！到达慕尼黑时，也发生了同样折磨人的状况：经过 30 个小时的旅程，没有人考虑到我们衰弱的健康状况，竟然为了要我们办一些公文手续，让我们一直站在车站大楼里好几个小时，连一张椅子也不提供。离家三年，我们希望能跟住在慕尼黑的双亲见面，也不被允许，真是十分痛苦。我们得到的命令是立刻进入一个军营，并且在那边过夜，直到几天之后，我们才被许可回家几个小时。在赖谢瑙[1]的气压室进行的疗养没有任何效果，我的一个肺叶再也动不起来了。两个月之后，军方让我退役，于是我开始了大学的学业。但是在开始讲大学生活之前，我要先叙述一下跟服役前线有关的后续故事。

---

1 赖谢瑙（Reichenau），巴伐利亚著名的休憩疗养区，靠近奥地利。

"前线条款"

纳粹上台之后，马上就颁布实施了《德国公务员重建法》。依照这项法律，所有犹太裔的公务员必须被解聘，例外的情况只有两种：一是曾经上过战场者，二是早在 1914 年以前就已经成为公务员者（也就是说，在魏玛体制下才成为公务员的还是得走）。我所属的学院[1]没有一个犹太裔的成员遭到解聘：考古学家雅各布斯塔尔（Jakobsthal）在 1914 年以前就当上正教授，古典学者弗里德伦德尔[2]、哲学家弗兰克[3]、罗曼语学者奥尔巴赫[4]以及我——我们每个人都上过战场。唯一一个本来可能因此被解聘的是斯拉夫语文学家雅各布松（Jacobsohn），不过他已经过世了——出于绝望，他卧轨自杀了。大学联盟的刊物《通讯》（Mitteilungen）对这项法令不敢有只字议论，报纸也只讪讪地讥讽几句之后就不再多说了。

---

[1] 作者注：马尔堡大学 1931—1932 年间一共有 168 位教员，当中有八个，也就是百分之五不是雅利安人。神学院与医学院，照德国人方面的用语，是"无犹"（judenrein）的，法学院有一个犹太人，哲学院（包括自然科学的部门在内）有七个。

[2] 保罗·弗里德伦德尔（Paul Friedländer, 1882—1986），德国著名古典学家，犹太裔。

[3] 埃里希·弗兰克（Erich Frank, 1883—1949），德国哲学家，犹太裔。

[4] 埃里希·奥尔巴赫（Erich Auerbach, 1892—1957），德国当代重要的文化史家、罗曼语学者，犹太裔。以上三人后来都流亡美国，再没有回德国。

我们这些例外的人，当时在表面上得到了法律的保护，继续讲课，学生方面也没有受到重大骚扰——如其他学校里发生的那样。我那时以为自己的位置多少是可以维持下去的，尽管若要在德国大学里继续升职，仅仅因为这最早的恶法便已经不可能。高层领导数度重申：参加过战争的犹太人应该"带着他们全部的光荣"留在他们的工作岗位上，一般人也都信任这项保证。虽然新选出的教师会领导在纳粹上台后的头几个星期里打算禁止我开讲座课，因为他听说我是"马克思主义者"（事实上我只写过一本专论，对韦伯与马克思做了批判的比较），不过后来就连他也放下了对我的顾虑，因为他打听到我是志愿从军者。所有人一方面都能接受这"前线条款"，然而另一方面又毫无保留地同意开除所有其他犹太人、对他们加以诋毁！即便在同事之间也流行着关于"世界犹太集团"与其国际网络这种毫无根据的想法，照这样的说法，每个被解聘的犹太人都可以通过这个网络立刻在国外得到一个绝佳的职位。教师会的领导员听到我说，我身为一个基督徒早就与犹太教没有丝毫的联系，而移民国外的生活对我来说，一点也不会比在德国接下来可能面临的遭遇更容易，竟然表示非常的惊讶。

有一个家教良好、身穿党卫队制服的年轻学生，出身于军官家庭，即便在"希特勒掌权之后"[1]也不忌讳继续来上我的讲座课。他是如此礼貌，直言不讳地告诉我他对于这些迫害犹太人的措施采取怎样的立场。他感到很惋惜，按照新的法律我将无

1　这里作者本来写"希特勒后"，模仿"基督诞生后"作为德国历史的新纪元基准。

法成为公职人员了[1]，他个人虽然基本上也反犹太人，但是只反那些"东犹太人"[2]（然而我必须强调，这些东犹太人之所以在大战期间涌入德国，全都是德国的军方当局努力造成的结果）。他的思想很开明，认为在学术界里应该是有些例外的。这个讨人喜欢的大男孩对我的讲师身份无疑是尊敬的，但是他更尊敬我是一个曾经参战的人，他也希望能拥有这样的"前线经验"，所以为此非常羡慕我。相反地，对他来说，排挤其他那些因为偶然的因素（因为年纪还太小或者身体有障碍），而没能上战场的犹太人，则是一件再无商量余地的事情，因为希特勒与罗森堡[3]已经从多方面证明了犹太人就是德国的祸害。当我1935年再度见到他时（我从罗马过来马尔堡这里几天），我问他一个问题：以他的判断，罗森堡的书《20世纪的神话》[4]跟严肃的哲学研究彼此是否相容？他先是迟疑，接着很诚实地说：这两者彼此不容，但是罗森堡这本书对他远为重要。

后来在一位我弗赖堡学生时代最好的朋友身上，我也遇到了同样天真、同样欠缺反省的行为模式。他当上了讲师，于

1　洛维特这时是大学编外讲师，不属于公务员。要获得公务员待遇，必须升到正教授，但这已经不可能了。

2　指东欧与东南欧的犹太人，多属于中下阶层，信仰虔诚而保守，多说意第绪语，在移入国常产生严重的融合困难与社会问题，后来成为以色列复国的主力。他们跟西欧开明的犹太人非常不同。东犹太人的主要群聚地在1939—1945年间被纳粹政府消灭殆尽。

3　阿尔弗雷德·罗森堡（Alfred Rosenberg, 1893—1946），纳粹高官，曾任外交部长、宣传部长，于1946年纽伦堡大审判中被处决。

4　《20世纪的神话》（Der Mythus des zwanzigsten Jahrhunderts）是罗森堡的主要著作，1930年出版，对其种族思想用神话加以包装。

1935 年来到罗马发表了一次演讲。"前线条款"此时刚被纽伦堡的种族法案[1]废除不久，我在德国的生存基础因此也全盘丧失。B. 的确对我个人遭受的不义感到遗憾，认为"参战者"不应受此对待；他也对新的文化政策不表赞同，但是他却跟许多人一样把角色自愿让给"更年轻的一代"，也相信他们将来一定会把这场运动现在的"发展不良"之处清理干净。他认为自己已经太老了（可是他才 34 岁！），所以不适合积极参与这场革命，因为论养成经验他也属于正在走下坡的知识阶层，而革命既不是这个阶层的人所发起的，也非其所能阻挡。我则回答：作为一名大学教师，对他来说重要的事情并不是这些青年们一二十年后会成为怎样的人，而是他就这些革命事务能给青年们提出什么意见来。对于我的反驳，他除了提出一个极为笼统的历史信念之外，什么也答不出来。在其他方面，他仅有的顾虑只是：千万不要因为言行的不谨慎，而把新取得的教职给搞砸了。谈到前线条款的时候，我说：为了要得到当一个人、当一个市民的资格，还必须用参战的经历来换取，这根本不是荣誉，而是一种耻辱；而且我适不适合当一名讲师，对我来说，与是否曾经穿过军服毫无关系。他听我这么说，明显地露出十分惊讶的表情。我认为只因为 1914 年时当过兵，所以还勉强可以待在大学里，是十分荒谬的，可是他却完全无法理解为何我持如此看

1　1935 年纳粹党在纽伦堡的党代表大会通过了《帝国公民权法》与《德国血统与荣誉保护法》，正式将非德国血统者划为不具法律人格的次等公民，雅利安人与犹太人禁止通婚。从此为纳粹迫害犹太人提供了法律基础。

与海因里希·贝泽勒（Heinrich Besseler，即上文的
B.）的合影，1923 年

法——唯有战场的经历才能保留我的德国人的身份，这点对他
来说毫无问题。他是这么理所当然地让自己被"一体化"到如
此程度，以至于他根本毫无知觉。而他的这种无法理解，直到
今天仍然使我震惊，因为这说明了一件事：即便是跟他们这些

自以为对纳粹的宣传保持冷漠与超脱的人沟通起来，也是如此令人绝望。他在弗赖堡的那几年学的是数学、音乐与哲学，读过陀思妥耶夫斯基与克尔凯郭尔，最好的朋友是我以及一位犹太女孩——这样一个人，却对于犹太人普遍遭受的悲惨命运，采取了完全无所谓的态度，并且毫无顾虑地同意只有纳粹政府所临时规定的那些人可以例外。他跟所有感到有点为难的德国人一样，以"前线条款"来抚平自己良心的不安，所以废除这条条款才让他这样生气。

四年以后在日本，我又遇到有人持同样的想法。一位懂得在政治的险礁之间灵巧地驾驭他"基督教小船"的年轻德国传教士，前来拜访我。那时，1938 年 11 月的迫害行动[1] 刚过不久，他把这一切迫害当成微不足道的小事，跟他一点关系也没有。连德国所有犹太人被强征五分之一的财产这件事，他也不在意，但是有一点倒是碰触了他的神经：他高声强调，把这些措施拿来对付像我这样情况的人、一名"参战者"，是多么的不正义。他用极富感染力的语调把这种不正义称为一种"形而上的罪恶"。数以千计的犹太人，不管曾经参加战争与否，他们的生计被剥夺了、财产被偷窃了、住所被破坏了、名誉被污蔑了。他们绝大多数为了保住性命（除此之外他们已经一无所有）而住进了集中营——这一切不能使这位基督教传道士有丝毫的感

1　即"水晶之夜"。

触。他引用戈加滕[1]的意见，认为犹太人问题绝对不可能以"此世"的方式解决，而只能通过犹太人在一切时代终结时转信基督教来解决——尽管这种看法并非不值得考虑——就像虔诚的犹太人所主张的相反的看法一样。但是，若只是拿来廉价地合理化任何"此世"的卑劣手段，就完全无法说服人。

前线条款被废止之后，那份我所属师部所颁发的、上面载明了我从军功绩的服役证书，连同我曾属于埃普上校麾下"荣誉连"的光荣，就此成为尘封的历史。我最后一次跟连队有关的经历，是我在日本时，一位第八连的长官 St. 先生找我的母亲借钱——照他的说法，他受到纳粹党人的迫害，必须离开德国（然而此事甚不可信）。1935 年我在罗马获颁"前线战士荣誉十字勋章"——这还是由兴登堡所创设的奖章。也就在那个星期，我收到了马尔堡大学人事部门一份简短的通知，通知我因为新的种族保护法通过在即，所以已经把我"停职"了。不久之后，便通过了不准犹太人穿着军服的命令，以及一道禁止犹太人获得军功荣誉的法律。在迁离德国的时候，我把所有四枚战功奖章留在母亲那里，因为我并不看重这些东西，而我的母亲却始终怀着一种骄傲与温情，对之颇为眷恋。当我以羞耻的心，回想起 1933 年抵制犹太商店的那些日子里，马尔堡的犹太商店橱窗上挂着店主的"铁十字勋章"——这是向马尔堡市民充满苦

---

1 弗里德里希·戈加滕（Friedrich Gogarten, 1887—1967），德国著名神学家、哲学家，为理解现代世界中的信仰问题提供了重要视角，并推动了现代基督教神学的发展。

楚的诉求，也是马尔堡的市民之耻。我在希特勒上台前后的军旅生涯大致便是如此。今天，如果有必要的话，我将毫不迟疑地站在德国的敌军这一边，为他们提供军事与政治上的支援。因为这个德国已是一切人性之敌，也因为这个德国坚决地否决了让我们的生活有价值的一切。如今卷入战争的德国人，他们任何的困境与死亡，都不能使我对这套体系产生的结果感到同情，因为这套体系根本毫无同情之心，而且正狠狠地践踏着人类的尊严。

战后

1917 年 12 月时，第一次世界大战对我个人来说已经结束，虽然 1918 年战争才进入最可怕的阶段。我所在的这一师从意大利被调到塞尔维亚与罗马尼亚，又转往凡尔登，最后剩下不到两百人，是出征时人数的十五分之一，在战争过程中，补充兵员十余次。士官长施特赖尔（Streil）在 1914—1915 年间是我的排长，在四年之久的时间里，他参与了所有的前线战役，曾三度负伤，最后在凡尔登六次被手榴弹碎片与枪弹击中。战争结束后我到慕尼黑拜访他。他那时跟妹妹住在一起，妹妹经营着一间殖民地商品店。他是如此的爽朗、斯文、和气且充满善意，仿佛从来没有经历过凡尔登那场地狱之战。他从一般的士兵一路晋升到军官阶级，也获颁金质的勇气勋章，战后他在帝国军里担任一名部队长，他是我在战争中认识过最好的也最值得敬爱的德国人。他有一种始终如一的求实精神：从来不讲废话，总是主动履行职务，处理排里弟兄的事务时总是毫无偏袒。他是一个简单的人，却并不粗野，个性十分强韧，却又拥有细腻的、诗人般的感受力，他对 1919 年与 1933 年的政治风潮都保持了距离。我中学的同班同学大多阵亡了，只有少数几位战后还见到过。L. 有一条腿因战伤而变短了，他那种发号施令的幼稚爱好已经消失，现在重新投入战前的兴趣：搜集漂亮的古董家具，过着不再信仰真理的休闲生活，喜欢烹调与驾驶帆船，还从达郝（Dachau）把一名颇有魅力的巴伐利亚农村女孩带回城里的住所——被战争打断了的生活，仿佛又回到了原先的轨道上。战争带来的痛苦太深，以至于人们对于从前的生活被战争所打断之事实，连同此事实所深深影响的一切及其所有后果，还没办法做出反应。另外一名中学同学 U. 喜欢戴着他的"战功奖章"，摆着威严的姿态在街上散步，他那带着好奇表情的娃娃脸经过了三年的战斗机飞行生活一点也没有改变。他娶了一名富商的女儿，用玩命的花式飞行表演赚了很多的钱，后来在空军重建时晋升为将军。而因为他早在当中学生时就花了大部分时间在上威森公园[1]看飞机试飞，因此可以说他少年时代的志向与梦想后来都得到了光彩的实现。

不过我少年时期的愿望也渐渐得到实现。我 13 岁就开始读叔本华、康德与施莱尔马赫[2]翻译的柏拉图，战后也如愿上大学读哲学。至于在战争地图上插德军小旗子的事情，我完全让给了爱国的父亲。我对战事发展的漠不关心令他颇为不悦，他总

1　上威森公园（Oberwiesenfeld），位于慕尼黑市区边缘，今天有部分建成奥林匹亚公园。

2　弗里德里希·施莱尔马赫（Friedrich Schleiermacher, 1768—1834），德国神学家、哲学家。他翻译的柏拉图作品至今仍十分流行。

是忽略德军败退的消息，小旗了一直停留在原先推进到的位置上；等到德军在西方的前线全面崩溃时，他地图上的战争看起来却几乎已经要赢了。在战败之前不久，某次我陪父亲去听蒂尔皮茨[1]演讲德国的战争目标。他是威廉皇帝座下的海军将领，他的大规模侵吞计划以及两撇尖胡子都令我感到厌恶。但是我的父亲对他十分推崇，我们为此进行过激烈的争论，在两代之间撕扯出一道裂痕。鲁登道夫[2]在战后搬到慕尼黑，大学举办庆典的时候他会以贵宾的身份出席。在对他混杂着军事与神学的妄想体系有丝毫认识之前，我就已经对他通红的肉脸、凶狠的下巴以及严厉的目光很反胃。另一位 P. 上校瘦削而有智慧的脸对我就比较有吸引力。他原先在参谋总部，现在则脱下了军服来学校学习，跟随韦伯研究民族经济学，开始新的生活。他常常在激进的左派维内肯[3]的学生圈子里活动，这些学生在 1919 年的革命[4]中崭露头角，然而他们后来大多都丧命了，只有几个还能及时逃脱。我的哲学方面的藏书，有一部分就是从其中一个学生留下的家当里买来的。后来我还在罗马见到了另一个学生，

1　阿尔弗雷德·冯·蒂尔皮茨（Alfred von Tirpitz, 1849—1930），德意志帝国海军元帅，致力于扩张德国海军。

2　埃里希·鲁登道夫（Erich Ludendorff, 1865—1937），德国著名陆军将领，一战时曾任德第八集团军参谋长，成为兴登堡得力助手，是德国极端民族主义和军国主义代表人物之一。

3　古斯塔夫·维内肯（Gustav Wyneken, 1875—1964），德国教育家，致力于青少年文化与青少年的自我发展。

4　指德国共产党于 1918 年在慕尼黑成立苏维埃政府，以响应十月革命。为期极为短暂，1919 年初即告失败。

他在那里当银行职员。而这段历史里的一位主要人物，诗人托勒[1]，不久之前才在纽约一间旅馆里替自己挫败的人生画上了休止符。我也无法忘记一位学生 T. 苍白而扭曲的面容——我至今还拥有他写的一份关于荷尔德林的疯狂的研究；他在大学里发表了许多狂热的演讲，其中提到的查拉图斯特拉说的"经过粉刷的坟墓"[2] 是一个高潮。他们是一群毫无希望的大学生，在普遍秩序的崩坏里借着晦暗不明的波涛占到上风，在短短数星期的时间里取得了慕尼黑苏维埃共和国的领导权。巴伐利亚的统治家族在一夜之间逃逸无踪，艾斯纳[3] 当了巴伐利亚首相，文人米萨姆[4] 担任类似文化部长的职务，而这两人都是犹太人。曾经有一天早上，米萨姆在两名卫兵的护卫下，出现在慕尼黑大学的大讲厅里。70 岁的校长波恩柯（Baeumker）——一位温和保守的信仰天主教的学者——被人强请过来，听米萨姆在卫兵保护下，在被召集起来的全体教员与学生的面前发表激烈的演讲。不久之后，艾斯纳被阿尔科 - 瓦莱伯爵开枪杀死，帝国部队开进慕尼黑，这些领导人物里还没逃走的，不是遭到射杀，就是

1　恩斯特·托勒（Ernst Toller, 1893—1939），德国表现主义作家，于 1919 年革命中任慕尼黑苏维埃主席，后被判五年监禁。1933 年逃往纽约，1939 年自杀。

2　"经过粉刷的坟墓"（übertünchten Gräbern），语出尼采《查拉图斯特拉如是说》第三部《三种恶》第二节。

3　库尔特·艾斯纳（Kurt Eisner, 1867—1919），德国左派政治家、记者，德国社会主义革命的代表人物。1919 年遭谋杀。

4　埃里希·米萨姆（Erich Mühsam, 1878—1934），德国作家、诗人，德国无政府主义运动的重要人物。1934 年死于集中营。

像那位形象高贵的兰道尔[1]一样被处以极刑，手段极其残忍，战争阴惨的开端于是来到了一个悲惨的结尾。接下来的是一段疲乏的、没有希望的时期，纳粹党就在这段时间里开始组织了起来。不过，一整个虚无主义的世代被欺骗了，再也回不到自己的家乡，所以一开始普遍冒出来的，是这个世代对于他们付出的过大的努力，所做出的自然的反应。

1　古斯塔夫·兰道尔（Gustav Landauer，1870—1919），德国19世纪末20世纪初重要的无政府主义理论家、社会活动家，倡导无政府主义和"非暴力不合作"原则。

两个德国人

在这个内在与外在的事态都普遍崩解的状况里（只有我父亲那一辈的人还相信这一切都还没消逝），在德国只有一个人凭借着他的洞见与人格，还能说出意义重大的、使我们感受到号召的话，他就是韦伯。我所谓的"我们"指的是一小群自称"自由学生会"（Freistudentenschfat）的学生——故意跟学生联谊会（Corpstudenten）有别。每个星期我们会在某个晚上聚会一次，在我们的读书会里作报告与讨论，内容是哲学的、社会的与政治的题材——一位慕尼黑的出版商、施瓦宾区[1]的名人，给我们提供了聚会的空间。在我们的请求之下，韦伯于1918／19年冬季学期在他的演讲厅里作了《学术作为一种志业》（*Wissenschaft als Beruf*）的演讲，他面色苍白而疲惫，急促地穿过爆满的讲堂走向演讲桌，经过我的朋友戈特因（P. Gothein）时还跟他打招呼——这些景象，今天都还历历在目。他的脸庞与下巴长满了浓密的大胡子，令人想起班贝格大教堂

1　施瓦宾区（Schwabing），慕尼黑的艺术社区，自1900年左右形成。

马克斯·韦伯站在他家门前的楼梯上

的先知雕像[1]深沉而炽热的神情。他这场演讲从头到尾都没看稿子，也没有停顿索词之处——有人用速记把演讲记录下来，后来出版时，一字一句都照他当日所说，全无修改。这演讲给我们带来了极大的震撼，他的话语之中浓缩了毕生的经验与见识，所有的话都从内心毫无转折地倾泻而出，都经他批判性的理解方式彻头彻尾地斟酌过，都由于他的富于人性的凝重气质而显得强劲而有穿透力，而正是这种人性的凝重气质凸显了他出众的人格。他提问题之犀利，一如他拒绝诉诸任何简单的解答。他撕裂一切美好憧憬所穿戴着的面纱，但是每个人一定都感受

1　指班贝格大教堂（Bamberger Dom）北墙大门著名的末日审判与先知群像，该教堂位于德国巴伐利亚。

得到，他清明的心智深处，有着深刻而真诚的人文理想。在文艺积极分子们做了不计其数的革命演讲之后，韦伯的话真可说是一种救赎；他的第二场演讲《政治作为一种志业》（*Politik als Beruf*）便不再具有那样摄人心魄的冲击力了。一年之后，他由于劳累过度，被他自己热烈的精神努力与政治参与耗尽了心力，在一场疾病中过世了。因为韦伯在艾斯纳被刺一事上发表了勇敢的谈话，所以反动保守的学生团体对他很是反感——他们不了解韦伯之死对他们是多大的损失。从此以后，德国的大学再也没有第二个像他这种分量的导师了。如果他能活到1933年，这场令全德国的大学教授蒙羞的一体化运动，一定动摇不了他，而且情势再怎么极端也是一样。广大胆怯、懦弱、冷漠的同事们，一定会发现他是一个不留情面的反对者。他的言论也或许能够扭转德国知识分子可悲的命运：这命运是知识分子（Intelligenz）自己招来的，像拉丁文词源解释中的"树林是因为不发光"那样[1]。他不说"品格培养"[2]，但是他两者兼具，既有品格（Charakter）也有教养（Bildung）。他一定会不计任何代价，反对对犹太同事的污名化——不是出于对犹太人的喜

1　作者引用拉丁谚语：lucus a non lucendo，一般认为是古罗马语法学家诺拉图斯（Honoratus）在注释维吉尔的《埃涅阿斯纪》（Aeneis）时提出，解释树林之所以叫做lucus，是因为它密不透光（lucere，发光）。该谚语通常用来解释词源学中某些词的来源与其含义看似矛盾的现象，现在用来指代逻辑上看似不合理的事物或解释。洛维特缘此说知识分子之所以称作知识分子，是因为没有智识。但就词源学来说，这些解释并不正确，洛维特只是在开文字玩笑。

2　品格培养（Charakterbildung），德国哲学和教育学传统中的重要概念，后被纳粹党用作统一思想战线时的口号。

爱，而是出于高尚英勇的骑士精神以及一丝不苟的正义感。当我 1934 年在罗马对一位德国教授说出这些想法时，这位教授反问我一个问题："你说得对。不过，韦伯不也是犹太裔吗？"这位先生显然完全不能想象一个血统纯正的德国人有可能为无力自保的犹太人出面辩护。

韦伯在他那两场演讲结束时做过预言，而他的预言也很快就实现了——那些无法承受当代严酷命运的人将会回到古老教会的怀抱里；而那些在 1919 年的革命里狂欢迷醉的"心智高尚的政客"也终将败在反对者的手里。他预估反动派发动的时间大概在十年后，因为横在我们眼前的并非繁花盛开的春天，而是一个幽暗到不可穿透的黑夜。他还说，在我们这个已经祛魅了的世界上，继续等待先知来告诉我们该怎么行动是没有用的。韦伯由此得出一个结论：我们应该动手去做我们的工作、做好"当前的要求"——当前的要求总是简单而平实的。对当时的我来说，最近在眼前的要求，就是开始大学的学业。政党之间的争斗引不起我的兴趣，因为总是左派与右派在争论一些与我无关、使我愤恨的事情，这对我的发展只能造成干扰。而 1918 年托马斯·曼发表的一篇《一个非政治人物的反思》（*Betrachtungen eines Unpolitischen*）给我提供了某种程度合理的立场。

在韦伯之外，我只能再提一位也让我毕生印象深刻的、出众的德国人——施韦泽[1]，这个无可比拟的，集基督徒、医生、音乐家与学者于一身的人，曾在慕尼黑大学做过三场演讲。他在这些演讲里使用的语言是如此的不带激情，却又能打入人心。我再也没有遇过任何演讲者像他这样，能够仅仅凭借其朴素人格的沉默力量，只用细弱的嗓音说了几句话，便把千人以上的听众全部的注意力如此紧紧地抓住。他身上散发出来的，不是像韦伯那种魔力，而是一种对和平的真诚，以及一种由节制而生出的奇妙魅力。而知道这个人现在还活着，仍在发挥他的影响力，并且把德国人真实的面貌在一整片扭曲与谎言之中好好保存了下来，是一种莫大的安慰。

1　阿尔贝特·施韦泽（Albert Schweitzer, 1875—1965），德国著名神学家、医生、音乐家与人道主义者，38 岁时于非洲加蓬设立热带医院，于该地服务至 90 岁逝世。1952 年获得诺贝尔和平奖。

战后的第一个朋友

　　在上述的这段时间里，我跟戈特因结成了朋友。他有超乎寻常的人格特质，绝大多数我所认识的人对他都有些排斥与害怕。他出生于一个海德堡颇具声望的学者家庭，也跟我一样在参战归来后才开始大学的学业。一次毒气攻击后的埋尸工作造成他心灵的创伤，但是就我记忆所及，我们从来不曾在交谈中提到过我们的"前线经验"。（德国绝大多数的战争文学战后十年才出现，也说明了一些事情。）在他身上我第一次见识到格奥尔格[1]与贡多尔夫[2]所散发出来的塑人的力量，这股力量很大程度上陶冶了我这一代的许多年轻人。尽管鄙视所有的社会习惯，戈特因仍是一个超凡脱俗、俊美与热情的人。我们一认识，我就被他深深吸引。周末的时候我们常常开车进入伊萨尔

　　1　斯特凡·格奥尔格（Stefan George, 1868—1933），德国著名诗人、翻译家，象征主义文学运动的代表人物，通过创办杂志，组建"格奥尔格圈"，对当时文坛与年轻人影响深远。

　　2　弗里德里希·贡多尔夫（Friedrich Gundolf, 1800—1931），德国著名文学学者、诗人、翻译家，对20世纪初的德国文学研究有重要影响，格奥尔格圈的主要人物之一。

河[1]河谷到奥米勒那里去，戈特因的哥哥——一位表现主义画家，已经四度沉浸于陀思妥耶夫斯基的《群魔》——住在那里。他哥哥在一栋我们用一点点钱租来的小农舍里，画满了绚丽的壁画，我们在农舍里彻夜畅谈，直到曙光初现。一种友谊的音乐将我们包围，但是因为某些抗拒的力量阻碍了这样的和谐，我们从来不能完全地沉醉在这种音乐里。我具有批判性的冷静性格，也总是抗拒着他用旧约诗篇那样的气息来朗诵格奥尔格的诗作。我们的友谊并没有吉星来高照，只维系了一年，然而几年之后偶然重逢时，我们都很高兴见到对方：第一次是 1924 大赦年[2] 的圣诞夜，在罗马的圣安塞尔莫教堂（Sant'Anselmo），第二次则是由于戈特因试着在马尔堡撰写他的就职论文——没能成功。希特勒登台之后他的遭遇如何，我没能得知，据说，他有一段时间在党内任职，做过一些演讲，但父亲的犹太血统使他陷入了相当困窘的处境。

1　伊萨尔河（Isartal），流经慕尼黑市区的一条河。
2　大赦年（Anno Santo），天主教的庆典，从 1475 年起每 25 年在罗马举行一次。

格奥尔格圈与纳粹意识形态

格奥尔格的圈子，作为纳粹主义意识形态精神上的开路先锋，扮演了一个不容忽视的重要角色。这一群与社会隔绝的精英们所抱持的理念扩散成为人尽皆知的陈词滥调，而那位记者出身的部长戈培尔曾经随犹太人贡多尔夫读书一事，也并非全然的巧合。格奥尔格的追随者与"青年运动"关系紧密，而"青年运动"在某种意义上又是使纳粹得以"崛起"（Aufbruch）的先头部队。整个中产市民的、基督教的世界早在臣服于希特勒之前，就已经拜倒在他们这些人的脚下。大家开始厌恶"无血无泪的知识分子"（blutlosen Intellekt），也开始区分"习得的体验"（Bildungserlebnis）与"原初体验"（Urerlebnis），甚至与普遍的人权概念敌对起来，宣传着低贱者与高贵者的阶级差异。他们不说资本主义的或者社会主义的国（Staat），却说"帝国"（Reich）；不宣讲反自然的基督教，却宣讲一种将肉身神化的异教，喜爱德意志与希腊文化本质的亲缘关系。他们呵护一种介于教育者与青年之间的男性之爱的精神，也倡导如教派般的纪律。

沃尔特斯[1]提出的口号，就叫"统治与服务"。最受赞扬的，是战争和英雄的美德。在导师面前，无条件的服从是理所当然的义务——这是一种贵族的纳粹主义，跟大战溃败之后许多知识阶层的贵族共产主义颇能相提并论。

当1933年必须表态拥护或者反对新体制的时候，格奥尔格圈子的人都在等待大师的动向。新任的教育与宣传部部长邀请他出任诗人学院[2]的主席一职，大家都屏息注意格奥尔格如何决定。格奥尔格回绝了这项邀请，该项职位换成一位对一切诗文都欠缺感觉的平庸角色来担任。不久之后格奥尔格便生了病，移居瑞士，以便死时能够身在德国之外——像里尔克已经做过的那样。格奥尔格诗中所颂扬的"新帝国"与俗劣的现实之间的巨大差异，没有任何向逝世的大师致敬的庆典可以掩盖过去。

> 大势业已发生，无人明察，
> 大难正要来临，无人能见。
> 现在不应欢呼：来者并非凯旋，
> 而是许多沉沦，一点也无尊严。

1　弗里德里希·沃尔特斯（Friedrich Wolters, 1876—1930），德国历史学家、作家，格奥尔格圈中的重要人物。

2　诗人学院（Dichterakademie），正式名称为"普鲁士艺术学院诗歌部"，德国维护语言与文学的最高机构，于1926年成立。战后改组为"德国语言与诗学院"，位于达姆施塔特（Darmstadt），主管多项德国最重要的文学与学术奖项。

这几行诗出自《战争》（*Der Krieg*）一诗，但用来描述"帝国"也很合适。

格奥尔格圈里老一辈的人可以只为了品位的原因，就坚决反对这种民粹的独裁体制。年轻的一辈，则对颠覆性的革新十分倾慕，即便他们还不至于倾慕革命领袖的"德性"。以《尼采》（*Nietzsche*）一书闻名的文学史学者贝尔特拉姆[1]，在这两代人之间采取折中的立场，他多次对德国的"崛起"所做的文艺腔浓厚的演讲，也都刊印在许多报纸上。在演讲里他说，任何人都不应该在这场"新的政治与精神的条顿堡森林之役"[2]里袖手旁观，而谁要是故意在这场战斗中表现无能，那他就是"对先人与后代"犯下了不可弥补的"罪行"。不过一般来说，人们对希特勒的冲锋队并不同情，反而是能体谅普鲁士参谋总部的一些军人〔关于此点可参考埃尔泽（Elze）谈论兴登堡与腓特烈大帝的几本书〕。在雅利安裔与犹太裔的年轻追随者之间，生出了一道悲剧性的裂痕。我的朋友与同事法尔纳（R. Fahrner）是一个聪颖、有天分、教养良好的青年；他唯一的缺点只是受到沃尔特斯的影响而太早得到精神上的确定性，因此 25 岁就以

---

1 恩斯特·贝尔特拉姆（Ernst Bertram, 1882—1957），德国文学史学者、作家。保守，民族主义立场鲜明，与格奥尔格圈子的人物关系密切。代表作《尼采：神话的尝试》，对尼采思想进行了独特阐释，影响深远。

2 条顿堡森林（Teutoburgerwald）是位于北莱茵－威斯特法伦州的高地。塔西陀在其《编年史》中记载了日耳曼土著克鲁斯科人（die Cherusker）酋长阿米尼乌斯（Arminius）率领同盟在公元 9 年于此地击败罗马军队的事迹，罗马将领瓦卢斯（Varus）战败后自杀。克鲁斯科人后来可能成为德国的萨克森人的祖先。贝尔特拉姆引此典故，民族主义意味明显。

为自己可以做到像 70 岁的歌德那样的从心所欲不逾矩。他为了政治，牺牲了与舍福尔德[1]的友谊，只因为舍福尔德不放弃与一位非雅利安血统的女孩的婚约。他也跟我明白说过，他对我的"混种婚姻"[2]永远也不能苟同。种族与犹太人问题，就他看来，对于重振德意志生命仿佛具有核心的重要性，不过这还不至于使他否认，犹太人对德国文化有激励作用。这种种族的问题在格奥尔格的圈子里更显棘手，因为里面有为数不少的犹太人，包括沃尔夫凯勒[3]、贡多尔夫、扎林[4]、贝特霍尔德·瓦伦丁（Berthold Vallentin）、埃里希·卡勒[5]、恩斯特·坎托罗维奇（Ernst Kantorowicz）、库尔特·辛格（Kurt Singer）以及其他许多人——就连那位被神化的少男"麦西敏"[6]也是犹太人的后代。假如没有种族问题阻挠的话，他们一定会有不少人投身于这场运动，尤其是在刚开始民族主义的热情还远远超过社会

1　卡尔·舍福尔德（Karl Schefold, 1905—1999），瑞士考古学家和艺术史学家，曾任巴塞尔大学教授。

2　混种婚姻（Mischehe），在纳粹的语境中，指雅利安人与犹太人结合的婚姻。洛维特的太太是德国人。

3　卡尔·沃尔夫凯勒（Karl Wolfskehl, 1869—1948），德国诗人、翻译家，诗作兼容了德国与犹太文化的传统。1933 年流亡意大利，1938 年又转往新西兰。

4　埃德加·扎林（Edgar Salin, 1892—1974），瑞士经济学家、历史学家，曾任巴塞尔大学教授，提出独特的文化经济学理论，批评新自由主义甚力。

5　埃里希·冯·卡勒（Erich von Kahler, 1885—1970），捷克裔美国作家、哲学家，专注于文化批评和历史哲学研究，代表作《历史的意义》探讨了现代社会的危机与文化衰落的根源。

6　格奥尔格于 1902 年在慕尼黑认识了年仅 14 岁的中学生马克西米利安·克龙贝格尔（Maximilian Kronberger, 1888—1904），两年后克龙贝格尔便死了。这件事成为格奥尔格决定性的经历。他后来在 1907 年的诗集《第七封印》（Der Siebente Ring）里有《麦西敏》（Maximin）组曲，将克龙贝格尔写成神人下凡。

主义的时候。其他人则继续认为自己才是"秘密的德意志"，任何公开的驳斥与排挤都不能改变。他们从来不清楚自己在多大程度上早已把这秘密帝国置于那公开可见的帝国之下，只为了能够在他们的人生谎言里自圆其说。[1]

纳粹掌权后不久，我因为一场演讲的机会在巴塞尔拜访了扎林，他还跟从前一样对"格局狭隘"的瑞士冷嘲热讽——尽管他现在之所以能够安全地、毫不英勇地生活着，全是拜瑞士的赐予。即便在希特勒登台后，他也仍在吹嘘自己与柏林的纳粹党高层有良好关系，并且丝毫不觉得这样说有什么不对劲。他先让我等候许久，然后才以符合自己身份的架子接见我——那是在他的研究室里，为了要烘托出一种派头十足的气氛，里面的摆设是富丽堂皇的文艺复兴风格，有但丁与歌德的胸像，也有镶框的拿破仑语录。1938 年，我收到他写的新书《布克哈特与尼采》（*Bruckhardt und Nietzsche*），这是一本吹捧尼采的书，其中对于布克哈特与尼采的关系的描写，是用流行的"诗人与英雄"的模式[2]写成的。

后来我在日本出于偶然碰到辛格，他也持一套与此完全相同的看法。他跟我在同一个地方[3]任教，和扎林的情况一样，职

---

1 "秘密帝国"是格奥尔格文化灵视的一个主题，在当时普遍感觉衰败的欧洲文化框架内意义深远，却被纳粹党人视为精神象征之一。

2 "诗人与英雄"的模式指"诗人歌颂英雄"。在扎林的书里，尼采是英雄，布克哈特是歌颂者。不过在洛维特的理解里却是倒过来的：尼采寻求布克哈特的认同，布克哈特却始终待之以礼，保持距离。

3 指东北帝国大学，在日本仙台。

业是民族经济学家，但真正的心志所向却是希腊的诗与哲学。凡是读过他在论柏拉图的那本书里庄严凝重语言的人，一旦认识到作者私下是一位灵活且敏锐的先生，一定会感到十分惊讶。依照他的性情，齐美尔的思考风格绝对更符合他的本性，而不是他书里那种从格奥尔格圈子里学来的严肃沉郁的笔风。政治上他崇尚法西斯主义，痛恨一切民主建制，也为日本侵略中国辩护，说那是世界史的使命。希特勒掌权时他人已经远在日本，当希特勒并吞奥地利与苏台德地区时，他带着发亮的眼睛、用一种令人感觉荒谬的精忠姿态跟我大谈即将成形的、只差乌克兰便大功告成的"帝国"，他竟然也使用"我们德意志的军队"这样的称呼！他很不情愿别人提起他的犹太身份，宁可讨论苏台德地区的德国人如何受到捷克人的暴力侵害，却不愿意提德国境内犹太人的遭遇。明明是格局极小、一想到身家性命便担惊受怕的人，却处处在姿态与遣词用字上散发一种"伟大英雄"的气息。他在日本甚喜欢参访祭拜历史英雄的处所；但拜一个愚蠢的意外之赐，某次在日本的一场主题为"神话与英雄"的演讲才会由一位纳粹兼反犹狂来主讲而不是他。不过辛格是一个颇机灵与有优越感的人，因此很可以期待他也能够从世事荒谬的一面，来理解自己不得不告别仙台的悲剧：因为他为人喜欢挑衅、老摆出一套伪普鲁士派头，所以在学校里很不得人缘，校长于是利用了日本与德国之间的政治情势，结束了他的聘约。法西斯主义者被撤职了，来接替的人是一个年轻的苏台德区的德国人——终于真正合法地代表了帝国。然而撇开政治上的变态不谈，辛格却是一个风趣和蔼的人。尽管极度缺乏人际的来往与沟通，这位 50 岁的老光棍十分努力地维持自己在精神上的振作，在日本继续拓展他多方面的知识与兴趣，这是很值得尊敬的。

沃尔夫凯勒的情况就完全不一样，他是如此充满人性，超过了他作为格奥尔格圈子成员的属性。在罗马我有幸常常与他见面。我在慕尼黑就认识他，他那时是扶轮社 [1] 的会员，因此跟我的父亲也有交情。这位颇有威严、身材高大的重要人物是格奥尔格圈子最早的创始者之一，而他的急智妙语，使他数十年来一直是许多精英社交圈的焦点 [2]。他对德语与罗曼语文献 [3] 的知识甚至比某些专业的学者还丰富，本身也是一个出色的翻译者，他的私人藏书很有名，里面有不少藏书家级的宝藏。这位很容易对事物兴致勃勃、虽受多方荣宠却又完全不受表面事务羁绊的人，因为德国发生的事遭受到严重的打击，使他几乎被打倒了，很久之后才恢复过来。在跟我的谈话里，他只提过一次逃离德国的过程。当我于 1934 年在罗马遇到他时，他像是一个被打垮的巨人，从前那种自由艺术家自得其乐的表情，变成了盲眼预言者惨白的脸庞，一如他现在的手书，章法尽失，就像令人毛骨悚然的埃及文。虽然他此时已经几乎看不见了，但仍十

1　扶轮社（Rotary Club），1905 年于芝加哥成立的非政治性服务团体。德国扶轮社最早于 1927 年成立。

2　沃尔夫凯勒在慕尼黑的房子位于施瓦宾区，一直是格奥尔格圈子聚会的场所。

3　包含法文、意大利文与西班牙文等拉丁语系文学的总称。

分享受罗马之美与罗马小餐馆的地方名菜。一位天主教的女性朋友会陪他上教堂参加礼拜，他住在老旧的罗马的艺术家区，在马尔谷街（Via Margutta）上一座建筑内院的阴暗破洞里，里面除了一张可怜的铁床、一把残破的藤椅与一张污秽的桌子之外，再没有别的东西。在这小陋室里他经历了一种转变，并且把它写在后来出版的一本薄薄的诗集里，这本诗集名为《声音说话了》（*Die Stimme spricht*），1936 年由犹太人经营的绍肯出版社（Schokenverlag）出版。诗集名称中那个对他说话的声音，是旧约圣经里犹太人的上帝的声音，也是上帝的众先知的声音。他生命深处那股炽热的火焰探索着自身的宗教源头；数十年来所经验过的、所写的一切，对他而言都破灭了，仿佛一个肥皂泡；而他一度如此亲密拥抱的德国文化，如今只有一点残余下来，那就是他的达姆施塔特[1]的乡音以及他遣词用字的天分。

> 主啊！我要回归你的话语。
>
> 主啊！我要倒出我的酒。
>
> 主啊！我要到你那边，我要离开。
>
> 主啊！我一点办法也没有！
>
> 我孤身一人。
>
> 孤身在空虚的、空无气息的空气里，

---

1 达姆施塔特是沃尔夫凯勒的故乡。

孤身在我心里，不敢面对我自己。

我一切彩色的球已经泄尽了气，

我一切的智慧成为烟雾与糟糠。

我是贫困的，神啊，你却如新。[1]

　　我离开罗马的时候，沃尔夫凯勒已经退避到热那亚的雷科（Recco），过着寂寥的生活。他的外表已经变得邋遢了，但灵魂仍是纯净的——一年之后意大利也采用了德国的种族法案，沃尔夫凯勒于是继续漂泊，离开了欧洲，到新西兰去了。

　　格奥尔格圈子成员的遭遇，具体而微地反映了当时德国与犹太知识分子的普遍命运。这个圈子的成员都是德国精神层面的顶尖人物，而且圈内的犹太人通过他们对德国文化的理解、参与以及所达成的成就，证明了他们有能力毫无保留地融入德国文化。然而在 1933 年，这圈子内的犹太人没能摆脱他们的命运，而圈内其他的德国人也没有避免他们的理念被一体化。尽管自己并没有踏上去，但他们已一起为纳粹主义铺好了道路。不过话说回来，在大战中成长的一代里较为激进的那些人，又有谁不曾为纳粹主义铺过路呢？他们不都确认了旧价值的崩解，也都对当前还存续的一切加以批判吗？而这正是贡多尔夫与沃尔特斯主编的《精神运动年鉴》（*Jahrbücher für die geistige Bewegung*）早在大战之前便已采取的立场。在 1912 年杂志第三

1　此诗原文分两段押 ABABB 韵脚。

期的导言里面有这样的话："当今世界的情势，已经不再有任何基础是可以让人真正信赖的了，这种前景一片漆黑的预感与嗅觉，仍然是我们这个时代最真实的感受。面对这种时代感受，一切还想在虚无之上建立任何事物的愿望，早已经透露出绝望的气息。"

斯宾格勒与卡尔·巴特

让人感觉衰败的，并不只有大学〔1931 年 12 月在《法兰克福日报》（*Frankfurter Zeitung*）上刊出了一系列的文章，总标题是《大学还存在吗？》，在其中发表意见的作者包括蒂利希[1]、施普兰格尔[2]以及雅斯贝尔斯[3]〕，也包括从布克哈特、拉加德[4]与尼采以降的一切传统教育文化。此种衰败意识是如此普及，以至于当时德国知识界各种不同的团体可说是共同在推动一项毁灭行动，彼此间唯一的差别只是目标不同而已——假如他们有目标可言的话。一直要到纳粹党取得了政权，并以强迫

1　保罗·蒂利希（Paul Tillich，1886—1965），德裔美国基督教存在主义哲学家、新教神学家，自 1924 年起在马尔堡大学等校任教，1933 年被纳粹党禁止讲学，于是迁居美国。其思想将基督教神学与存在主义紧密结合，提出"终极关怀"等重要概念，对美国和德国的新教神学界影响颇深。

2　爱德华·施普兰格尔（Eduard Spranger，1882—1963），德国著名哲学家、教育学家与心理学家。他根据六种价值观，划分出六种人格类型，对后世的心理学和教育学研究产生了深远影响。

3　卡尔·雅斯贝尔斯（Karl Jaspers，1883—1969），德国著名哲学家、精神病学家。"轴心时代"理论的提出者，思想聚焦个体存在的意义，对存在主义哲学等多个领域影响深远。

4　保罗·拉加德（Paul Lagarde，1827—1891），德国东方学者、哲学家，提倡建立一种超越基督信仰的国家教会，思想有反自由主义、反犹的色彩。

统一思想为手段，积极地要求停止破坏、建立一个基础的时候，这些差别才真正表现出来。就连在著作里最努力提倡纳粹主义意识形态的奥斯瓦尔德·斯宾格勒（Oswald Spengler），在纳粹党实际胜出的时刻，也吓得表态保持距离——因为在纳粹党的真实作为里，完全找不到他所倡议的"普鲁士社会主义"。然而，他从前的学生们却对他感到极端失望[1]，因为在他 1933 年出版的著作《决定时刻》（*Jahre der Entscheidung*）里没有只言片语提及希特勒，反而描绘了一个"白色布尔什维克主义"（der weiße Bolschewismus）的愿景，而此一愿景在德俄联盟六年之后便显然成为现实了。就像纳粹党人对斯宾格勒的《决定时刻》的反对态度，智识阶层对《西方的没落》（*Untergang des Abendlandes*, 1918）也同样持反对立场。斯宾格勒提出的"衰亡论"与其所标榜的学术性，让学院的教授们不安与恼怒，使他们在《逻各斯》（*Logos*）期刊的一本专刊里，联合起来对他加以驳斥——每位笔者就自己的专业领域抨击斯宾格勒所犯的许多谬误与缺失——然而并没有就整体的论题跟他进行讨论，因为他们尽管在细节上对他多所辩驳，本身却也随着时代的气氛，在根本上对衰亡论确信不疑。总而言之，这种崩溃（Auflösung）的事实与意识在希特勒之前便已经盛行多时，终于到达一个容许翻转的时刻，而此一翻转便是纳粹主义，也就是

---

1 作者注：请见阿尔宾·贝姆勒（Albin Baeumler）1933 年 8 月 31 日在《民族观察者报》（*Völkischer Beobachter*）（1933 年 8 月 31 日）的批判评论。

一个带着相反预兆的崩溃——他们称之为"崛起"。

除了斯宾格勒此书之外，只有一本书还具有类似的重要性，虽然它的影响力相较之下是较为有限的：卡尔·巴特的《罗马书释义》（Der Römerbrief）。这本书的精神也是对进步之否定，但是处理的手法是从文化的衰败中撷取神学的教义。战争促使人们对一切救赎都不再信仰，这把巴特从基督教社会主义推向他的激进神学，这样的激进神学从根源上否定基督教具有任何"发展"。斯宾格勒与巴特的这两部著作，在这段戳盖着一战结束的印记的时代里，是最使我们震撼的书。

弗赖堡大学时代：追随胡塞尔

　　1919 年年初，当我在极恶劣的政治动乱中离开慕尼黑，搬到弗赖堡时，我在慕尼黑的老师亚历山大·普芬德（Alexander Pfänder）与莫里茨·盖格尔（Moritz Geiger）把我推荐给了胡塞尔。胡塞尔在 1916 年接下李凯尔特（Rickert）的位置，从那时起，他不但成为弗赖堡大学哲学系的核心，实际上也成为整个德国哲学的焦点，许多外国学生为了他来到弗赖堡。他那种巨匠风范的现象学分析、冷静而清晰的演讲、人性化却又严格的科学训练方式，给我们带来精神上的成长，也给我们指出现象之不受时间局限的"本质"（Wesen）——这本质立于转瞬即逝的现实之外，他用数学与逻辑的存在当范例来掌握之。他强迫我们在讨论课的演练里，避免使用一切伟大的术语，要我们把每一个概念都用对现象之关照（Anschauung）来加以检验，然后在回答他的问题时，不要给他"大钞"，而要拿出"零钱"来。他正是尼采在《查拉图斯特拉如是说》里所描述的"精神的良知"（Gewissenhafter des Geistes）。令我难以忘怀的是，在许多人担忧法国部队即将占领弗赖堡的那些日子里，大学的讲堂变得冷清不堪，而这位对最

胡塞尔教授在倾听。拍摄时正有人就胡塞尔哲学体系
的发展情况向他提问

胡塞尔在弗赖堡大学的研讨班，1920 年

胡塞尔与海德格尔

细微事物的伟大研究者，是如何用比平日更安详与坚定的态度，继续讲述他的学说——仿佛科学研究纯然认真的精神，不可能受到世界上任何事物的干扰一样。我们对胡塞尔的《观念》最不感兴趣的部分，就是他"还原超验意识"的学说，然而这也正是我在 1933 年有机会认识其伦理源头与效力之处：胡塞尔在弗赖堡教学与著述了数十年，但是在纳粹党人政变成功之后，这个场域对他来说实际上就像被"置入了括号中"（in Klammern gesetzt），并不对他的哲学意识构成阻碍。虽然他那时已经退休，国家仍然将他再度停职，把他的作品从图书馆里清出来，标示为犹太作品，在一个"耻辱之柱"上公开展示。尽管弗赖堡大学一定程度上是依靠胡塞尔才得到当时的声望，校方却用完全漠视此事的态度来避免一切尴尬。一位格伦斯基（A. Grunsky）先生接着写了一本小册子[1]，用意在证明胡塞尔，就像斐洛[2]与科恩[3]已经做过的那样，将"雅利安人"柏拉图式的观念世界染上了《塔木德经》的色彩。

1　作者注：即《犹太思想如何侵入哲学之内》（Der Einbruch des Judentums in die Philosophie, 1937）。跟这本小册子一样具代表性地表现出这种"铁口直断的直觉"的，是一篇 1933 年在《民族观察者报》里发表的文章，作者是报社总裁迪特里希（O. Dietrich），他在文章里竟然把胡塞尔的现象学当作纳粹主义的哲学基础之一来介绍！

2　斐洛（Philo），公元前 1 世纪上半叶生活在亚利山大的犹太神学家，写过《摩西五经》的注解，融合圣经与柏拉图思想，是早期基督教父与后来的新柏拉图主义的先行者。

3　赫尔曼·科恩（Hermann Cohen, 1842—1918），犹太裔德国哲学家，与保罗·纳托尔普（Paul Natorp）同为新康德主义马尔堡学派创始人。科恩是典型的犹太姓。

海德格尔的时间哲学（1919—1936）

　　当时有一个年轻人跟胡塞尔一起工作，但两人意见并不一致。不过这个年轻人出了弗赖堡大学就没什么人知道了，他就是马丁·海德格尔。在人格上，他跟基本上怀有赤子之心的老师相较，刚好是一个反面；比起他的老师，他对我们这些年轻一些的人具有更强烈的吸引力。他成了我实质意义上的老师，我的精神得以发展，要归功于他。他所散发出来的魅力，有一部分的原因是来自他使人捉摸不透的本性：没有人真正跟他熟识，而他的人跟他的演讲一样，长期引发人们激烈的辩论。他像约翰·哥特里布·费希特（Johann Gottlieb Fichte）一样，只有一半是学术中人，另一半，甚至更大部分则是一个懂得见风转舵的角色，一个宣道家，知道怎样用正面冲撞的语言来吸引别人。而推动他向前的力量，则是一股对时代与对自己的不平之气。

　　如果想了解这个人的性格与他的哲学，必须从表现主义回忆起。在一次大战之前，表现主义便以鲜亮的颜色与语言，映照出旧欧洲文教界的崩解。胡果·巴尔（Hugo Ball），达达主义——也就是语言结构的崩坏的极端形式——的发明者，在他的《自时间中逃脱》（*Die Flucht aus der Zeit*）（他自己则逃到天主教里去了）一书中写道：在某些时代有一些人，他们关注的完全只是"概要与轮廓"而已，因为他们的世界已经涣散失序了。"今日的哲学家一生中有三分之二的时间消磨在一种努力之中——努力使自己在失序的世界中找到方向，但却毫无结果。"然而，如果时代的动荡严重到一定程度，像我们这一代所遭遇到的那样的话，那么人们只能自足于"最为精简与规整"（reduziertesten und aufgeräumtesten）的东西。海德格尔的精神世界同样如此：一切似乎不再符合时代与位置的东西，都从中被清理出去。[1] 在这个处于碎裂过程的时代里，里尔克是代表性的诗人，从他的书信里随便找出几个句子，就可以直接成为了解海德格尔作品的指导语句：中产市民的世界由于对进步与人性的信仰，因而把人类生命的"最终的裁决者"给遗忘了——也就是说，这世界是被"死亡与上帝从一开始，也在根本意义上所超越的"。海德格尔的《存在与时间》（*Sein und Zeit*）里的死亡，作为一个我们在存在与能力上"无法超越的裁决者"，意义与前述并没有不同。但是

1　作者注：海德格尔对雅斯贝尔斯的《世界观的心理学》（*Psychologie der Weltanschauungen*）一书作过一些批评的意见，未出版。他在这篇论文开头引用的箴言，是克尔凯郭尔的话："区隔与分辨的时代已经过去了。"海德格尔的意思是说，现在的重点不再是心理学上的诸种差异，而完全全在于唯一的必要者。这篇 1921 年的专论也已经暗示了海德格尔哲学的所有基本概念：解构（Destruktion）、存在（Existenz）与事实性（Faktizität）。

海德格尔不再提起上帝了，他骨子里根本是个神学家，以至于没办法再像里尔克那样讲述《上帝的故事》（*Geschichten vom lieben Gott*）。死亡对海德格尔来说就是虚无，在此虚无面前，我们在时间中的存在的有限性便显现出来——或者用他在弗赖堡最早的几场演讲的话来说，"历史的事实性"便显现出来。

用最深刻的方式把我们这个时代的问题彰显出来的画家，是梵高。海德格尔 1923 年在一封信里告诉我："几个学期以来，梵高说过的一句话一直陪伴着我，他说'我穷尽一切力气在体会一件事，那就是，人类的历史正好就跟小麦的故事一样：如果没有被种到土里而开花结穗的话，那又有什么关系呢？还是可以被磨成面粉，变成面包啊'。而连被磨碎的机会都没有，是多么悲哀啊！"信中还说：现在该做的，并不是好像接到任务要去"拯救文化"一样，将自己献身于一般的文化养成活动，而是必须通过一种"彻底的拆除与回溯"（radikalen Ab-und Rückbau）、一种"解构"，为自己取得一个坚实的信念，知道什么才是"唯一的要务"（Eine was not tut），并且不去理会那些老用表计时间、汲汲营营的聪明人说了什么，又在忙些什么。在对这唯一的（因此也必然的）要务的追求里，海德格尔主要是向克尔凯郭尔看齐，然而他并不希望别人把他跟克尔凯郭尔混在一起，因为他的存在哲学可不是要"让人注意到基督的教义"，而是一种对此世存在的"形式的分析"。"我所要的，在最低限度上，是一种不一样的东西。我要的并不多，不过就

海德格尔在弗赖堡，1920 年

是我在当前已成为事实的政治变革中，所体验到的一种东西——一种我所逼真地体验到的'必然'。同时我并不从旁推敲，从这个'必然'里会不会产生一个什么文化出来，又或者它会不会加速时局的毁灭。"一切的"文化"哲学在他眼里都是恶心可厌的，哲学会议更糟糕，一战后出现的期刊充斥学界，更引起他激动的怨怒，即便耶格尔[1]的《古代》（*Antike*）期刊也令他觉得是白费力气没有用处。提到马克斯·舍勒（Max Scheler）时，他用生气且严厉的笔调，说他的"创新"是接替了哈特

　　1　维尔纳·耶格尔（Werner Jaeger， 1888—1961），20 世纪著名的德裔美国古典学者，对希腊思想和文化的研究影响深远。

曼[1]，而其他的文化人不仅讲逻各斯（Logos），还把"民族性"（Ethos）与"良机"（Kairos）抬了出来。"那么，下个星期又要搬出什么笑话来呢？我相信，疯人院内的景观，也比这个时代的更清楚、更合乎理性。"由于他从根本上否定一切当前状态，也否定想改革此状态的一切规划，所以他也保护自己的工作不受到别人错误的解释或过度的评价，让人以为他有什么"积极的建设""崭新的成果"要交代。"于是产生一个假象，仿佛批判的目的，是要针对被此批判所笼罩的对象，提出某种相应的有内容的东西来。仿佛这项工作是某个可以为某种学派、路线所用，或是可以用来继续领导、补足匮乏的东西。"可是这项工作完全不是这样，而是局限在一种对哲学与神学传统进行批判性的、概念的解构之内，也因此是某种立于边缘之外的东西，或许甚至是与忙碌的今日完全没有接触的工作。相反地，能够站在当前不论狂飙与否的事物之外，必定是让人高兴的，因为在事物替换如此快速的地方，一定是找不到立足基础的——日后海德格尔便是从这样的观点出发，尝试用一种"基本本体论"（Fundamentalontologie）来思考存在与时间的哲学，他在这个"基本本体论"里，把从希腊人直到尼采的整部历史浓缩到一个单一的问题之上，以便在单纯与原初之中找到一条基线与立足的基础。

1　爱德华·冯·哈特曼（Eduard von Hartmann，1842—1906），德国著名哲学家。他的代表作《无意识的哲学》影响深远，主张宇宙的本体是"无意识"，试图调和理性主义与非理性主义，被称为"无意识哲学家"。

海德格尔作为哲学老师所获得的超乎寻常的成功，他难以理解的著作所发挥的不寻常的巨大影响，将他本人推向了原本所希望的局限之外，甚至把他变成一种流行——这一切虽然并不符合他原本的目的，但同时却又是他作为一位变装的宣道者所造成的自然的结果。起初，他之所以能够对我们产生影响，并不是因为我们期待他会提出一套崭新的哲学系统，而是因为他的哲学意志所具有的内容的不确定性与纯粹的召唤性，以及他智性之强度与对于那"唯一的要务"之专注。一直到后来我们才明白，这个"唯一"其实什么也不是，而只是一个纯然的决心，没有一个确定的目标。"我已经下定决心，只是不知道为了什么。"这是一名学生某日想出的一个笑点准确的玩笑话。这个面对着虚无的赤裸裸的决心，将虚无主义甚至"纳粹主义"隐藏在内。然而这决心一开始却也带有一些特征，使人以为它带有宗教意味的忧虑，因而将它的虚无主义与"纳粹主义"掩盖了起来——事实上海德格尔当时也尚未能坚决地从他的神学源头脱离出来。在这段弗赖堡时期里，我仍然清晰记得，在他的书桌上看过帕斯卡尔与陀思妥耶夫斯基的图片，在他像修道院小间的房间角落里挂着一幅表现主义风格的耶稣受难图。1920 年的圣诞节他送我的礼物是堪普的托马斯 [1] 所著的《论对基督之仿效》（De imitatione Christi）。直到 1925

1　堪普的托马斯（Thomas à Kempis, 1380—1471），德国神秘主义神学家，"现代虔敬主义"（Devotio moderna）的重要代表人物。其理念主要是将僧侣的工作从与世隔绝的修道院带入此世，进行实际的、关爱社会的活动，如办医院、救济贫穷、兴建学校等。

年，他还一直认为只有在神学中，在巴特与戈加滕身上，才有精神的生活可言。[1] 当时跟他最亲近的是布尔特曼，还曾跟他一起合开过一门关于青年路德的讨论课。对神学系的学生来说，要把海德格尔的存在主义本体论中那些伪基督教范畴的部分，跟他们所学的各种神学理论结合起来，这可不是件轻松的事。

在一封 1921 年的信里，我找到一个掌握海德格尔无神神学的关键。他在信中把他的"我在"（ich bin）或说他的"历史的事实性"，描述为（加引号）的"基督教的神学家"（christlicher Theologe），其中蕴含着"彻底的自我关切，同时兼具科学性"（radikale Selbstbekümmerung und zugleich Wissenschaftlichkeit）也根基于此。因为概念研究所具有的科学严谨性，凸显了他的实际存在，这一存在作为一种"绝对的事实性"，因而也对他构成了问题。我们学生之中只有极少数人能够从存在主义的角度去理解，在他个人的悲壮之情（Pathos）与这种概念的热情（Leidenschaft）之间到底有怎样的联系。最能了解这一点的，大约是天主教神学家如普日瓦拉与罗马诺·瓜尔迪（Romano Guardini），他们比我们更能看穿海德格尔依恃的前提是什么。

他的存在主义本体论有一句不曾明讲的箴言："愿每一个人

1　作者注：不过后来他却改口说："从巴特直到普日瓦拉，讲的都是一样的，这就是说一样的站不住脚；只要奥弗贝克一日不被驳斥，新教神学就会一直没有个着落。"［译注：恩里希·普日瓦拉（Erich Przywara, 1889—1972），德国天主教神学家；弗朗茨·奥弗贝克（Franz Overbeck, 1837—1905），瑞士新教神学家，尼采好友。］

在自身存在之内坚强。"[1]这句话也是从路德那里得来的。海德格尔抛开基督信仰，对这句话作出了如下的理解，也反复地强调："重要之处仅在于'每个人只做他能做的事'，在于'每个人自己的能够存在'（Sein—Können），或者在于'将个人实存地框限在本己的、历史的事实性之内'。"他同时将这种"能够"当作"必须"或"命运"。他在一封1921年给我的信上说："我只做我非做不可的且必要的事，而且我只做到我所能做的程度。我并不打算把我的哲学工作包装成面向今日大众的文化任务，也没有克尔凯郭尔的倾向。我之所以工作，是来自我的'我在'，是来自我精神上的、全然事实性的根源。存在（das Existieren）缘此事实性而爆发着怒火。"谁要是把海德格尔日后对希特勒行动之拥护跟这段时期连起来看，就会发现，早在这最初的、对历史性存在的表达方式里，便已经种下了他后来的政治抉择的根源，所欠缺的只不过是接下来的一步：从半宗教意味的孤离状态走出来，然后把"每个人本己的"此在（Dasein）及其"非如此不可"，应用到他"德意志的此在"及其历史的命运上，以便将这些存在范畴（"决定回到自己""面对虚无站在自己之上""愿意接受自己的命运"以及"将自己交到自己手上"）充满力量地空转，过渡到德意志存在的普遍行动中，然后在政治的地板上加以摧毁。因此，如果

1　作者引拉丁文：Unusquisque robustus sit in existentia sua。

海德格尔，1933 年

海德格尔的存在哲学正好跟施米特[1]提出的政治"意志决定论"

（Dezisionismus）[2]互相呼应——施米特把海德格尔的"每个本己

1　卡尔·施米特（Carl Schmitt，1888—1985），德国著名法学家、政治思想家。他
批判魏玛共和国，提倡强大集权的国家形态，提出决断论、制度性保障等重要概念。但他
曾加入纳粹党，为纳粹政权提供理论支持，这使他的思想和行为极具争议。

2　作者注：请参阅我的《政治的意志决定论》（Politischer Dezisionismus）一文，收
录在《法理论国际期刊》（Internationale Zeitschrift für Theorie des Rechts，1935，H. 2）；
也请参阅第 172 页。

的此在"的"能够完整存在"（das Ganzseinkönnen）转用到"每个本己的国家"的"极权整体"（Totalität）之上——那么这种呼应并非巧合。本己此在之自我主张对应于政治存在的自我主张，而"死亡之自由"对应于在战争（作为严峻的政治情境）中的"牺牲生命"。在这两种情况里，原则都是一致的，即"事实性"。换句话说，这也就是当人把生命的"内容"清除干净后，此生命所能剩下的东西。

　　海德格尔曾经两次获得到柏林大学任教的邀请，一次在魏玛共和国时期（1930），另一次则在纳粹党掌权初期（1933），两次他都表示拒绝，而且在第二次拒绝的时候作了某种说明，说不克前往是因为他的精神存在的"在地性格"（Bodenständigkeit）。他在《阿勒曼人[1]》（Der Alemanne）报纸上发表了一篇文章（1934 年 2 月 7 日），文章标题颇有挑战的意味：《我们为何要留在省内？》（Warum bleiben wir in der Provinz？）文章开头简短地描述了他在黑森林的一栋滑雪小屋——亲近他的学生们常在那儿借住长达数个礼拜。接下来他抨击那些有教养的"城市人"，他们在假期里来到黑森林，为了把它的美丽当成对象来"观察"与"享受"。这两个字眼在海德格尔笔下是具有贬义的，因为这种字表达出一种悠闲的行为，却没有"动手"的意思。他自己基本上从来不"观察"这风景，相反，这风景其实是他的"劳动的世界"，而他的劳动

1　阿勒曼人（Alemanne），日耳曼民族的一支。

马尔堡大学哲学院的教授们。第一排左二是海德格尔，1927 年

过程是深深陷入这片山中世界的事件之中的。一个忧虑的存在（sorgende Existenz）并不是用悠闲的 theorein[1] 或者"观看"来开发这个世界的存在，而是靠行动的实践。而且特别是当强烈的暴风雪在小屋四周肆虐，将一切覆盖、遮掩起来的时候，便是做哲学的"最好的时机"。思想的劳动必须跟这个危险的山中世界同样的"粗硬"与"犀利"，而哲学从本质上看来跟农夫的劳动完全没有差异。这篇文章最后提到一个感性的小故事，

---

[1] theorein，希腊文的"观看""观察"。西文中"理论"（Theory）一词源出于此。

海德格尔在黑森林的滑雪小屋，1923 年

说一位老农夫听了海德格尔告诉他收到柏林大学邀请的事，只是摇头表示反对。文章结尾使用的字眼是"无可转圜的不！"（unerbittlich nein!）毕竟这位在弗赖堡当小国王的阿勒曼人，在柏林的许多大党棍与大名人之间，能做什么事呢？

在这篇有意写得通俗的文章里（海德格尔有一次对我们讲过的一场关于滑雪的演讲也是这样），所有关键的存在概念都隐然包含在内了。这些概念跟纳粹主义意识形态的亲近关系是不难看出来的——比如戈林就常说，我们感谢上帝，因为要用到意志与献身的时候，人不是"客观地面对一个对象"。我们跟随尼采否定享乐、幸福与舒适，却肯定命运之艰苦与劳动之严酷；对农夫与学者来说，这种劳动之严酷应该是完全一样的。

从亚里士多德直到黑格尔都成立的一个论题：因为不受一切直接需求的束缚，所以哲学的观看是最高的人类活动；但这个论题却被纳粹的存在（Existenz）及其哲学给改换了诠释，甚至被否定。如果有人提醒海德格尔，有个纳粹的废话专家如格洛克纳（H. Glockner）之流在《德国文化哲学期刊》（*Zeitschrift für deutsche Kulturphilosophie*, 1934）（即原来的《逻各斯》期刊）的第一册里也提出过跟他完全一样的主张，说德国的哲学跟士兵、农夫有一种特别密切的关系，而跟其他悠闲的理论之智性主义（笛卡儿）有别，还把这点当作大智慧来宣传，不知道海德格尔会怎么说。他或许会对这种他并不希望的亲密关系吓一大跳，但却又不了解这种关系的基础在哪里；而其实这基础便在于他某种程度上也接受纳粹主义所说的"他们"的说法。就算他再怎么有意识地跟官方版本的纳粹党哲学的低级论述、跟他们的党哲学所唱的"血与土地论调"（Blut-und-Boden-Gerede）保持距离，也不能改变这一事实。有许多不同的阵营起来反对"精神"的暴动，包括克拉格斯（Klages）、贝姆勒（A. Baeumler）的阵营、海德格尔与施米特的阵营等。或许一个人得离开德国到别的地方生活，才能够真正看出来。这些不同阵营间的差异，其实是同一个相同主题的变奏。

海德格尔将"本已的此在"转译为"德意志的此在"

海德格尔 1933 年被选为弗赖堡大学的校长。这是一件大事，因为其他大学在这段关键的时间里，都缺乏一位不仅挂着纳粹党章，还能凭借学术成就而确实能胜任此一职务的领导者。德国的知识界大众不是保守右倾，就是漠不关心。海德格尔能拒绝前往柏林任教的邀请，但是对于领导自己所在大学的诱惑，他就让步了。这一决定超越了地区的意义，也引起全国性的关注。柏林的学生大会要求全国的大学，都应该跟上弗赖堡大学取得的"一体化"的成就。从另一方面来说，他若拒绝出任弗赖堡大学校长，也会产生一定的影响，因为当时他正处于声望的高峰。他的这个决定让他的学生感到惊讶，因为在此之前他几乎没有对政治问题发表过意见，也很可能根本没有清楚的意见。校长就职典礼上，海德格尔发表了一场演讲，名为《大学的自我主张》（*Die Selbstbehauptung der Universität*）。他把演讲全文寄了一份给我，问候语是"以友善的问候"，而我其他雅利安朋友收到这份演讲时，问候语却变成"以德意志的问候"。

政变之后，思想被一体化了的教授们发表了不计其数的小册子与演讲；跟这些比较起来，海德格尔的这场演讲具有很高的哲学性与深度，在措辞与构思上都算是小小的杰作。然而以严格的哲学标准来衡量，这篇演讲充满了模棱两可之处，因为在演讲中，海德格尔竟然有办法把存在主义本体论范畴的概念拿来为历史的"此刻"（Augenblick，见《存在与时间》，第74节）服务，而且手法巧妙，使人产生某种印象，好像其哲学目的跟当前的政治局势先天就能够也必须合而为一，而学术研究的自由也同样先天能够也必须与国家的强制措施合为一谈。"劳动服务"与"兵役服务"被等同于"知识服务"，以至于人们听完演讲后，不知道应该开始研究赫尔曼·第尔斯（Hermann Diels）的《前苏格拉底哲学家残篇》（*Vorsokraktiker*），还是应该跟着冲锋队去游行。因此，对这篇演讲，我们既不能纯粹用政治眼光，也不能完全从哲学角度来判断。假如这是一篇政治演讲，力道是不够的；而如果是一篇哲学专论，那也同样缺乏力量。这篇演讲将海德格尔关于历史存在的哲学移植到德国局势之内，第一次给他意欲发挥影响力的意志找到了立足的基础，以使得存在主义范畴（die existenzialen Kategorien）的形式框架，有了明确的内容。[1]

1　作者注：施米特的政治思想里，也有一个与此完全相同的发展过程。关于这一点，请看前注。（译注：见第69页注释2。）

演讲以一种奇特的矛盾开头：它一方面反对国家侵害大学的独立性，强调大学的"自我主张"；另一方面又否定学术自由与学院自治的"自由"（liberal）形式，以便将学院无条件地纳入纳粹的"领导者"与"追随者"的框架里。校长的义务是在精神上领导全体的教员与学生。但是他自己，作为领导者，却同时又是个被领导者——意思是说，他也被"人民交付的精神任务"所领导。然而这个历史任务包含什么内容，又如何得以体现，演讲中并未明确交代。归根结底，交代任务的是命运，而人们应该以这命运为意志。这项任务的不确定性，正好对应了海德格尔所强调的它是"无可转圜的"。用这一不可讨论的论断，海德格尔将民族的命运与大学的遭遇联结了起来：交付给大学的，跟交付给人民的，完全是同一个任务，德意志的学术与德意志的命运，在"本质的意志"（Wesenswillen）中走向权力。而"对本质的意志"（der Wille zum Wesen）则被暗中等同于"对权力的意志"（dem Wille zur Macht），因为纳粹立场中的意志，本质上就是指对权力而言的。[1]普罗米修斯（Prometheus），作为西方意志的象征，是"第一位哲学家"[2]，

1　作者注：阿尔弗雷德·贝姆勒（Alfred Baeumler），一名知名的纳粹分子，在他对尼采的解读中，从"对权力的意志"进一步抽离出来，而改成说"意志作为一种权力"，这是符合逻辑的。因为任何事先设定的目标都会将意志贬低为一种智识主义。贝姆勒认为，只有当一种意志不知道其所要的是什么，而只是纯粹地诉求时，才是真实的。

2　作者注：请比较马克思博士论文的前言。尼采也选择了一个被绑缚的普罗米修斯放在他第一本著作的封面上。[译注：即1872年版的《悲剧的诞生》（Die Geburt der Tragödie aus dem Geiste der Musik）。]

大家应该追随他。靠着这种普罗米修斯的意志，欧洲人最早在古希腊时代，"奋起对抗存在者"，已追问存在者的本质，这场革命性的抗争就成为"精神"的标志。尽管在命运的绝对优势之下，精神失败了，但是精神却正是在无力抵抗之时，充满了创造力。所以，精神并非一般意义上的理性，并非理解力、智力，当然也不是机智，而是一种朝向存在本质的"知的决心"（wissende Entschlossenheit）。而真正的"精神的世界"，是一个"有着最极端与最内在的危险世界"——正如尼采在《查拉图斯特拉》里说的，危险是人类真正的"志业"[1]。海德格尔接着用近乎军人的严厉，对学生提出要求：作为一名意欲求知者（Wissenwollender），要"挺进"（vorrücke）到"最危险的岗位上"，他要大步向前，要投入并置身其中，要挺得住、撑到底，最重要是他要下定决心承接德意志的命运——也就是那在希特勒身上的命运。跟元首与人民绑在一起、与其荣耀和遭遇绑在一起，这种结合，被视为等同于知识的任务（Wissensdienst）。对于尼采的问题"欧洲自身是否还要自己，或者欧洲已经丧失自我"，海德格尔的回答是："我们要我们自己。"而且德意志人民的年轻力量，经过了对于自我主张的意志——不仅是大学的，还是全体德意志此在的自我主张——做出肯定的决定。但是为了能够完全了解"这场崛起（Aufbruch）是多么壮观与伟

---

1 见《查拉图斯特拉如是说》前言第六节：一位表演走钢丝的演员摔了下来，临死之际查拉图斯特拉对他说："你把危险作为职业，这没有什么好轻蔑的。现在你为了你的职业而毁灭：为此我要亲手将你埋葬。"在德文中，"职业"与"志业"是同一个字：Beruf。

大"，必须铭记柏拉图说过的一句睿智的话，海德格尔把这句话（强行曲解）翻译成："一切伟大者都立于暴风之中！"海德格尔的智慧如此激昂澎湃，倘若一个党卫队青年拥有足够的哲学修养，能够穿过这片希腊云雾，进入背后这场十分德意志的风暴中，又怎能不被他打动呢？海德格尔也说，教师与学生的团体，是一种战斗的团体，而且只有在战斗之中，知识才会得到提升与保存。在这段时期里的一次讲座中，他说：一切的"本质"只对勇气（Mut）敞开，而非观察；能在多大程度上认识真理，就要看人多大程度"勉强"自己（sich zumutet）去面对真理。连德文的"感受"（Gemüt）一字都被拿来跟这个勇气（Mut）牵连在一起。同样，敌人并非仅仅"在眼前"（vorhanden），此在必须为自己创造出敌人，好让自己不至于迟钝。一切能算得上"存在"（ist）者，都"通过战斗来掌控"。凡没有战斗又没有统治之处，皆是衰败之地。本质在战斗中显现。实际上的情况却是，即便在海德格尔的领导之下，德国的大学并没有发展出古希腊式的竞争精神，反而陷入了强制一体化之后的迟钝与贫瘠。在这种强迫统一里，优秀的人注定只能沉默，大多数人则学会讲两种语言：一种是在私人空间里的真实的语言，另一种是在公共领域里所说的虚假的语言——这种虚假的语言从四面八方将公共领域的一切组织给包围起来了。

海德格尔的校长任期只持续了一年。经历了一些失望与不愉快之后，他退出了他的"任务"，之后又用先前的方式回头来对抗新的"常人"（man），并在课堂上大胆发表一些尖刻的言论。然而这与他实质上归属于纳粹的是是非非并不矛盾。因为纳粹的"精神"跟民族主义或社会主义并没有什么特别的关系，反而是跟那彻底的决心有关，跟那拒绝一切讨论与沟通的激进有关——因为这样的决心完完全全只相信自己，只相信本已的（德意志的）"能在"（Sein-Können）。纳粹式的政治论述与海德格尔哲学所使用的语言，两者都贯穿着暴力的表达方式。纳粹政治的独裁风格，与海德格尔激烈的、绝对化的措辞方式互相呼应。在两者所发出的挑战里，都有某种冒犯他人感受的阴险兴趣。只有程度的差异，方法却是一样的——最终都是"命运"使一切意志得到合法性，并为其披上了一件历史哲学的外衣。海德格尔发表就职演讲一个月之后，卡尔·巴特在《今日的神学存在》（*Theologische Existenz heute*）一文中呼吁神学界起来抵抗当前的掌权者，不要跟他们口径一致，这篇文章在当时是，并且一直是面对快速变化的时代政治，唯一做出了精神抵抗的严肃发言。如果哲学界要拿出一篇可以相提并论的作品的话，就不应只关注"存在与时间"这样的问题，而应该关注永恒之存在。海德格尔哲学的要点却正好在于他"坚决从时间里了解时间"，因为他虽然是哲学家，骨子里却仍然深受神学影响，以至于永恒对他来说等同于上帝，而哲学家"对上帝一无所知"。海德格尔哲学的时间问题因此跟神学的永恒问题之间，有一种否定关系，而海德格尔只在 1924 年 7 月的演讲中明确提出过这一点。

在这个历史政治的背景之下，海德格尔整套的此在概念

（Daseinsbegriffe）所具有的特定德意志的意义，便鲜明地显现出来——生存与坚决、存在与能在，将这种"能在"诠释为一种"命运"与"必然"，对"本己"的（德意志的）"能在"的执着强调，以及一些反复出现的字句：规训与强制（甚至为了"知识的明晰"，必须"强迫自己投身于其上"）、艰苦、无可转圜、严苛、坚定以及锐利〔"此在的维持锐利"（das Scharfhalten des Daseins）〕；坚持、自立、投身并直面危险，以及变革、崛起、侵入（Umbruch, Aufbruch, Einbruch）[1]，所有的这些词汇，都反映出一战之后的这段时间里，几乎所有德国人都有的灾难性的思维方式。他们最少想到的，是"根源""终点"或"过渡状态"。基本上所有上述的概念与语汇所表达的，是一个面对着虚无，仍自我坚持着的意志所展现的痛苦而强硬的决心，是一个不与人和平、自己也不快乐的此在——它蔑视幸福与人性，并为此而感到骄傲。[2]

1927 年，当海德格尔的《存在与时间》出版时，可能我们之中谁也没有想过，书里所说的那个"本己的"、极端个体化的死亡〔为了具体描绘这个概念，海德格尔还引用托尔斯泰的短篇小说《伊凡·伊里奇之死》（*Tod des Iwan Iljitsch*）的

1　作者注：早在题为《何谓形而上学？》（*Was ist Metaphysik?*）的演讲里他就说过：借由人类的此在，一种"侵入"在存在的整体中发生，从而使这个处于"它所是"之内的此在"崛起"了。不过"崛起"这个词早在一战之前就已经在青年运动里流行过了。

2　作者注：关于这一点请参考贝内代托·克罗齐（Benedetto Croce）《十九世纪史》（*Geschichte des 19. Jahrhunderts*）结尾处对法西斯积极分子的传神刻画。

情节]。而六年之后，这一概念竟然可以如此改头换面，被拿来宣扬纳粹"英雄"的荣耀。然而从对死亡的本体论的分析，跳到海德格尔的《施拉格特演讲》[1][刊载于《弗赖堡学生报》（*Freiburger Studentenzeitung*），1933 年 6 月 1 日]，这中间不过只是从个体化的此在过渡到每一个普遍的、在其普遍性中却同样个体化的此在——也就是说，过渡到德意志的此在。[2]海德格尔在这一场精心构思的纪念演讲里说，施拉格特之死，是"最沉重也最伟大的死亡"，那时他（因为在法军占领区内进行破坏活动）在无力抵抗的状况下遭到射杀，而他的国家受了侮辱，处于悲惨的境地。"他不得不独自从心底深处为自己描绘出他的民族为了荣耀与伟大而崛起的图景，然后怀抱着这样的信仰死去。"海德格尔问，这样"艰苦的意志"，这样"明晰的内心"是从哪里来的呢？他的答案是，这来自黑森林群山（施拉格特的家乡）的"原始的岩石"与"秋日之晴朗"，

1　阿尔贝特·莱奥·施拉格特（Albert Leo Schlageter, 1894—1923），德国军官，1923 年在法军占领的德国鲁尔区进行破坏，被占领军处决。后来他成为纳粹大力宣传的殉难英雄。

2　作者注：请看克列孟梭（Clemenceau）对德国人与死亡的关系的评论："人类就本性来说是热爱生命的。德国人却缺乏这种本性。在德国人的灵魂深处，在他们的艺术理解中，在他们的思想世界与文学中，都缺乏了一种东西，使他们不能理解什么才是真正构成生命的要素，什么是生命的美丽与伟大之处。反之，他们心中充满了一种病态的、恶魔般的对死亡的渴望。这些人多么热爱死亡啊！他们颤抖着，像在梦幻中一样，以一种狂喜的微笑仰望死亡，仿佛对某种神明的朝拜。他们为何如此？我没有答案……读读他们的诗人的作品——到处都能看到死亡。你会读到脚下的死亡，马背上的死亡，死亡在一切的姿态、一切的穿着里。这种种死亡使他们的诗人为之着迷，死亡是他们根深蒂固的执念……就连战争对他们来说也是一种与死亡签订的契约。"[出自《克列孟梭与马尔泰的进一步闲谈》（*Weitere Unterhaltungen Clemenceaus mit J. Martet*）]

这块土地的力量源源不断地注入了年轻英雄的意志与心胸里。然而事实却是，施拉格特只是一战之后许多迷失方向的德国青年中的一位，正如萨洛蒙[1]在他的小说《城市》（*Die Stadt*）里曾出色地描写过那样，这些青年有的成为共产主义者，有的则成为其死敌。战争使他们变得粗暴野蛮，从军队中退役下来之后，他们再也无法回归平民的生活。他们加入了民兵团体，只为了能随便在什么地方，把随便什么人当成目标，在狂乱不羁的行动中把自己的生命给消耗掉。我们这位存在主义哲学家却把这些事情称之为一种"必然"——"他必须去波罗的海地区，必须去上西里西亚，必须去鲁尔区"，他必须去实现自己所选择的命运。古代悲剧里的神谕所示之命运于是沦落到我们这个经济大萧条的时代里，而这竟还是出于一位哲学家之口。

这场演讲的几个月后，德国趾高气扬地退出了国际联盟。[2]元首下令追办一场公民投票，好让外国人见识到：德国就是希特勒，希特勒就是德国。[3]海德格尔把弗赖堡的学生集合起来，以行军的队形带到投票所，让他们全体投下对希特勒决定的赞

1　恩斯特·冯·萨罗蒙（Ernst von Salomon），德国小说家。他就属于洛维特此处所说的战后顿挫的一代，曾因政治因素坐过五年牢。

2　作者注：请参看赫尔曼·劳施宁《虚无主义的革命》（*Die Revolution des Nihilismus*, Zürich, 1938, S. 421 f.）。［泽注：赫尔曼·劳施宁（Hermann Rauschning, 1887—1982），德国政治家，1926 年加入纳粹党，1933 年任但泽市议会议长，但 1934 年即辞职位，1936 年移居瑞士，写了许多批判纳粹主义的书。］

3　德国于 1933 年 10 月 14 日宣布退出国联，公投于 11 月 12 日举行，结果有 95% 赞成希特勒退出国联的决定。

成票（在其他大学，比如马尔堡，尽管所谓秘密投票只是徒具表面，但赞成或反对的选项至少还是存在）。对希特勒的决定投下赞成票，在海德格尔眼里，就等同于投"本己的存在"赞成票。他以校长身份发布的投票呼吁完全是纳粹风格的，同时也是海德格尔哲学里一个哗众取宠的例子。这段呼吁是这样的："德国的男士与女士们！德国人民已经听到元首的呼吁，要去投票了。但是元首不向人民求取任何东西，相反地，元首给了人民一个最直接的机会来展现他最自由的决定：全体人民究竟想要本己的此在（sein eigenes Dasein），还是不想要。从前一切的选举跟这次投票完全不能相提并论，这次投票与众不同之处，在于在这次投票里，我们必须做出一个简单而重大的决定。然而，这件简单的终极之事没有转圜的余地，容不得丝毫犹豫和迟疑。这一最终的决定会向外伸展，到达我们人民的此在之最终极的极限。而这极限是什么呢？这极限的唯一内容，就是那原初要求（Urforderung），要求一切的此在要保存、拯救自身的本质。这样的话，就会建立起一座栅栏，将一个民族所能承受与不能承受之事分隔开来。凭借这条荣誉的根本法则，民族保有了他的尊严与决断。元首之所以要求退出'国际联盟'，不是因为虚荣心，也不是留恋名望，不是盲目的刚愎自用，更不是追求暴力，而完全是因为他有清晰的意志，要无条件地承担起自己的责任，去承受与掌握我们民族的命运。这并不是要背离与其他民族的联合，正好相反，踏出这一步，我们的民族也就将自己置于人类此在（das menschliche

Dasein）的本质法则之下——如果一个民族还想算是一个民族的话，首先就必须无一例外地遵从这项法则。正是源于对无条件自我负责这一要求的共同遵循，才产生了相互尊重的可能性，进而认可一个共同体的存在。真正意义上的民族联合的意志所要达到的，远远不是空洞无物、缺乏约束的世界大同，正如同其目的远远不是盲目的暴力统治一样。这意志超越这种对立，[1] 使得各个民族与国家能够坦诚、自主，也互相扶持。……我们追求民族自我责任，我们也希望每一个民族找到并维护自身使命中的伟大与真理。这样的意志，才是每个民族安全的最高保证。因为此一意志将自身与以尊重和无条件荣誉为基石的法则紧密相连。11 月 12 日这一天，德意志人民团结成一体，要对自己的未来投下一票。而这未来是与元首密不可分的，人民对这未来投下赞成票的同时，不能仅仅因为所谓的外交考虑而作出决定，也必须将元首以及与他紧密相连的行动一并纳入这赞成的一票之内——实际上并不存在什么外交问题或者内政问题，唯一存在的只是一个意志，使国家成为一个完全的此在。元首已经在全体人民的内心里彻底地唤醒了这意志，并将其凝聚为唯一的决心。在表明此意志的这一天，没有谁可以置身事外！"（刊载于《弗赖堡学生报》，1933 年 11 月 10 日。）

1　或指"世界大同"与"暴力统治"两者的对立。

海德格尔在他的弗赖堡大学就职演讲《何谓形而上学？》中首度提到此在的"终极的伟大"，这"伟大"所指的，是这个此在能够"勇敢地"将自我牺牲。从此以后，他便愈来愈广泛地使用"英雄式的伟大"这个概念。这概念不只用于施拉格特之死，也用在希特勒身上，因为后者出人意料的政变以及大胆的解决方案，将一切条约关系与法理基础都践踏在脚下。照海德格尔的意思，这竟然不算是从欧洲各民族的联合组织脱离出来，而是"正好相反"，是使一种真正的联合关系成为可能，使各个民族能够（按照德国的模式）独立自主，从而也能"互相面对"！[1]

在这次投票呼吁的一周之前，海德格尔对全体学生发出了一项号召（《弗赖堡学生报》，1933 年 11 月 3 日），措辞颇为笼统，其中提到，纳粹的革命给"我们德意志的此在"带来了"彻底的洗礼"。学生的任务，就是要在他们的求知意志里坚守那本质的、单纯与伟大的质素，在对自身的要求上要坚定且真诚，在拒绝时则要清晰而果断，也要以战斗的精神奉献自己，要鼓起勇气，为拯救民族的本质、提升民族的力量做出牺牲。"理念"（Ideen）不应成为学生此在的法则，不，他们所遵守的法则应该只有希特

1　作者注：这也只是海德格尔在《存在与时间》（第26节）已经提过的一个想法，他在那里所主张的是"与他人究竟地同为此在"（das eigentliche »Mit-dasein« mit anderen），这里则拿到政治上来使用。他的出发点从来不是为了共同点，而一直都是每一个个体或者一个民族的"每个自己的独特性"（die »Je-eigenheit«）。请比较海德格尔在《弗赖堡年报》（Freiburger Jahrbuchs, 1938）的一篇期刊文章里对政治"沟通"（Verständigung）的见解。

勒一人："元首本人，而且唯有元首本人，才是当今与未来德国的现实及其法则。"据说海德格尔在纳粹政变之前就曾表示，在所有的德国总理候选人里，只有希特勒一人才是"有领袖风范"的人。海德格尔说起"希特勒万岁"（Heil Hitler）是纯然认真的，就连私人的书信他也会在结尾附上这句话。成千上万德国民众口中说着这句招呼语（即"希特勒万岁"），就像从前说"上帝保佑"与"再见"那样。只有像我慕尼黑的鞋匠那样土气的老乡，才会用当地话"你好"（Servus）[1] 回应进门说"希特勒万岁"的客人。

"此在"在哲学上被定义为一种存在着的"纯粹事实"（factum brutum），它不仅"存在，也必须存在"（《存在与时间》第 29 节）；这样的此在彻底剥离了一切的内容、一切的美与可爱之处，阴暗却又充满动力。跟这样的此在完全契合的，是那"英雄的写实主义"，是纳粹所塑造的一张张德意志的面孔，这些面孔从一张张海报里向我们扑面而来。在海德格尔的讲堂里，人们"用铁锤进行哲学思考"，如同尼采在《偶像的黄昏》（*Götzendämmerung*）所倡导的那样，但他们却没有尼采那种敏锐的心理洞察力所闪耀的光彩。而且尼采自始至终都是俾斯麦帝国的反对者，因此证明了自己是个坚定可靠的人。但是海德格尔的校长哲学所提倡的"最高的与自由的决定"，却给德国

---

1 德国南部、奥地利的招呼语，原意是"（我是您的）仆人"、"供您差遣"的意思。后来意思转变为纯粹的招呼语。

历史中的"纯粹事实"赋予了"命运"这个崇高的名字。

纳粹党格局狭隘的正统派，对海德格尔的纳粹主义立场起了疑心，因为他几乎不提种族问题与犹太人问题。他把《存在与时间》献给犹太人胡塞尔，把关于康德的著作[1]献给有一半犹太血统的舍勒。此外，在弗赖堡大学时期，我们在海德格尔的指导下研究了柏格森（Bergson）与齐美尔[2]。海德格尔的精神格调似乎不符合所谓的"北方风格"——在纳粹的论述里，北方风格面对虚无的时候是没有恐惧的［见侯柏格（A. Hoberg）《人类的此在》（*Das Dasein des Menschen*）］。然而，汉斯·瑙曼（Hans Naumann）教授对海德格尔的纳粹思想十足地肯定［见《日耳曼的命运信仰》（*Germanischer Schicksalsglaube*）］，以至于他用《存在与时间》的概念来解释日耳曼神话，还发现奥丁（Odin）就是海德格尔所称的"烦"（Sorge），巴尔杜尔（Baldur）则是"常人"（man）！但无论赞同还是反对，都不值得认真对待，因为海德格尔支持希特勒，远远超过了"与纳粹党的意识形态与宣传保持一致"这个层次。他原先就是，也一直都是纳粹的信徒，这一点跟恩斯特·容格尔（Ernst Jünger）类似：虽处于边缘，有点特立独行，但是绝非没有影响力。他将个体或德意志此在的自由，建立于虚无的敞开性之上（《何谓形而上学？》第 30 页）——仅凭这种极端主义，便已经表明他是纳粹的事实。希特勒为了夺取但泽而冒险发

1　指《康德与形而上学疑难》（*Kant und das Problem der Metaphysik*）。

2　亨利·柏格森（Henri Bergson, 1859—1941），法国哲学家，有犹太血统；齐美尔是犹太裔。

动战争，这个肆无忌惮的决定，除了用海德格尔的"面对虚无，要有勇气走向畏惧"这一哲学表述之外，找不到更好的形容。海德格尔这个矛盾的说法，正好对德国所处的整个局势做了精要的概括。

海德格尔之所以追随纳粹的心态与思考方式具有实质上的原因，因此，若把他的政治选择单独拎出来批判或者美化，是不恰当的。比较正确的做法，是从他哲学的基本原则中寻求其政治选择的原因。海德格尔支持希特勒，并不是"误解了自己"〔见昆兹（H. Kunz）在《新苏黎世报》（*Neue Zürcher Zeitung*）1938 年 1 月 3 日相关文章〕，反而是那些不能理解他为什么这么做的人，误解了他。一位瑞士籍的大学讲师〔请看巴特与施泰格（E. Staiger）1936 年 1 月在《新苏黎世报》的论战〕认为，海德格尔涉入当下的政治事务，是一件值得惋惜的事情——好像一种用时间和日常生活来解释存在的哲学，竟可以跟其根源与影响力所在的当下时间全无关联。如果这位海德格尔的崇拜者说，去责难思想的"历史的偶然性"，而不去注意其背后凌驾其上、通往"永恒"的"白色圣殿"，是错误的。那么我们就必须回答他（尤其作为海德格尔学生）：还没有一位哲学家像海德格尔这样以"历史事实性"的偶然性为方向，也正因为如此，当决定性的"瞬间"来到之时，他自己必定也得陷入这"历史的事实性"之中。海德格尔充满哲学意味的政治活动能到达什么程度，并不取决于某种意外的、让人惋惜的偏离正轨，而是源自于他对"存在"的理解的思想原则，在这样的思想原则里，"时代的精神"是具有双重意涵的。[1]

这种追求变革与崛起的意志，这个为一战之前的青年运动灌注了政治能量的意志，其最终的推动因素却是对衰败与消逝的普遍意识，也就是欧洲虚无主义。然而很具代表性的是，这种欧洲虚无主义只在一个德国人手里（即尼采）才真正成为哲学的对象，并且也只有在德国这个国家才发生积极的作用。"一直到了德国人手里，且只有在德国人那里，极端主义在世界史中的使命才得到正式的宣告……没有人像他一样如此冷酷无情，因为他为求自保，不仅仅要颠覆现存的世界，还要颠覆他自己……对德国人来说，毁灭就是创造；粉碎时间中的一切，就是永恒。"〔马克斯·施蒂纳（Max Stirner），《论文集》（*Kleine Schriften*）〕德国人对于如何在人性的范围内理性地使用自由，是缺乏理解的。如果拿掉这种意欲毁灭的意志，也就无从理解海德格尔的哲学建构对我们所造成的影响。我记得他1920年给我的一封信上说，他进行哲学工作时，并不在意由此究竟会产生一种"文化"，还是会"加速毁灭"！同样的思想在《存在与时间》第77节里再度出现，在那里他对这样一句引文表示了赞同："'现代人'，亦即文艺复兴以来的人，已行将入墓。"在1933年校长就职演讲的结尾，他也表达了类似观点，认为现在去改变旧制度，或甚至添加新制度都为时已晚；我们必须一

1　德文 Zeit 既表示"时间"也表示"时代、当下"。

路回到希腊人最初的起点，才有可能在欧洲重新开始。[1] 但是危险在于，在我们作出如此决定之前，西方的精神力量可能已经耗竭，一旦"气数已尽的虚假文化溃倒于地，将一切力量扯入混乱之中"，西方世界就将崩坏四散。那时，海德格尔仍认为这样的局面是否会发生，完全取决于"我们是否仍然要我们自己"，而对这一点我们也早已作出了正面的决定，亦即追随元首。不过三年之后，在 1936 年关于荷尔德林的演讲中，海德格尔明显更加悲观，他借着荷尔德林提到"诸神远去、未来之神即将来临的时代"。但是因为当前的时代处于一种双重的虚无之中：远去的诸神已然不在，而未来之神尚未到来，所以当前的时代本质上是一个匮乏、困顿的时代。他也不再提及 1933 年"辉煌的崛起"。这个时代的诗人在黑夜的虚无中坚守着——这幅景象令人想起韦伯演讲结尾所说的话："在贫瘠的年代，诗人有什么用呢？"海德格尔可能也这么问过自己：在贫瘠的年代，哲学家有什么用呢？对他来说，要找到这个问题的答案可能比诗人更困难，因为对诗人而言，诸神不止于时间的概念。

1　作者注：请参考施米特 1929 年的演讲《中立化与去政治化的时代》（*Das Zeitalter der Neutralisierungen und Entpolitisierungen*）里所说："一切崭新的、巨大的冲击，每一场革命，每一次宗教改革，以及每一个新的精英阶层，都来自于苦修，来自于自愿的或非自愿的贫困，而这所谓的贫困，主要指的是放弃维持现状所带来的安全感。早期基督教内一切强有力的改革，比如本笃会、克伦尼派、方济各会所推动的革新，再洗礼派与清教教派，以及基督教每一次真正的重生与回到其纯粹本己原则的重生，每一次真正的"返回原初"（ritonar al principio），每一次回归那未受损害的、尚未毁败的本性，这一切，在安稳舒适的现状面前，通通都像是文化或社会的虚无。这些革新在静默与幽暗中增长；在其最早的初始阶段，历史学家与社会学家们会也只能把它当成虚无。而这开端达到光辉展现的那一刻，也就是它与那隐秘、不起眼的开端的联系受到威胁的一刻。"

海德格尔通过他缺乏确定性的决心和无情的批判，对我们产生的吸引力，从来没有褪色过。从我到弗赖堡大学那时起，已过了 20 年，但他深刻而富有内涵的演讲使他的听众着迷，他教学活动的影响也随处可见。

海德格尔的人格

　　1926 年，在即将通过就职论文之前，我曾经纯粹从内心的感想出发，将海德格尔这个人所给我的印象记录下来，现在我把这一人格侧写，加上一点补充，附在这里。海德格尔在我的同学间有个别号，叫"梅斯基（Meßkirch）来的小魔术师"。他的个子天生就矮得有些突兀，出生于梅斯基这个村子里一个贫困的家庭，在十分拮据的条件下完成大学学业。费尔德基希（Feldkirch）的耶稣会修道院在他的少年岁月中留下了深刻的痕迹——那是一段"在神学的磨坊里被碾过"的时光。令我难忘的是，有一次他拿一张照片给我看，照片里是一位僧侣，而他用那样的姿势与眼神说："这个人从前管我们管得可严了。"那是一位躺在床上的临死的苦修僧侣，脸上的表情坚毅而锐利。海德格尔出身于贫苦家庭这一点，到后来也很容易看出来。我1933 年有一次到校长室去找他，他坐在宽敞而典雅的校长室里，看上去有些失落，沉闷寡欢。我可以感觉到，他所做的指示以及他的举止，都有某种不舒服的东西梗在里面。他甚至用不寻常的衣着来挑战这种出身与境遇的落差：他穿着一种黑森林地区的、有宽大布边的农夫夹克，领口颇有军服的味道，裤管只及于膝盖；夹克与裤子的质料都是深褐色的棉布——这是一种"每人本己的"衣着，一种准备要冲撞"常人"的衣着。我们当时嘲笑这样的衣着，却没能看出来，这其实是一种介于市民的常服与纳粹冲锋队制服之间的衣着，一种过渡时期奇特的解决办法。那褐色的布面，和他深黑色的头发与黝黯脸庞十分相称。他是一个矮小又黝黑的人，懂得施展魔法——这是说，先把某某东西指出来，随即在听众面前让这东西消失不见。他讲课的技术主要是先盖起一座思想建筑，然后又亲手把它拆掉搬走，以便将全神贯注的听者置于一个谜团之前，让他留在一片空虚里面。[1] 这样施展魔力的技术有时也会造成令人非常忧虑的结果，因为这或多或少容易吸引精神上有病态气质的人：一位女学生在听了三年的谜语之后，竟然自杀了。

海德格尔的面容是很难描述的，因为他从来不能面对面地

---

1 作者注：《法兰克福汇报》的评论家多尔夫·施特恩贝格尔（Dolf Sternberger）如此描述海德格尔《艺术作品的本源》（*Ursprung des Kunstwerks*）演讲结束时所造成的效果："这里最被全力避免的，就是一个清楚扎实的结论。因此，上次的演讲以荷尔德林一行晦涩的诗收尾；这句诗被预告给翘首以盼的听众，称它是救赎之语，也是判断一个时代，尤其是当下这个时代，是否知晓并渴望'本源'（Ursprung），或是仅满足于文化与品位的衍生之物的可靠标准。这行诗是：'那紧邻着起源而居者，难以离开那地方。'我敢打赌，听众之中那些原来自认了解并领悟了海德格尔中心内容的人，听到这里，一定会开始有点迷惑，发现自己刚刚聚集起来的信心马上又随风而去了……就算有人想否认这位哲学家的知识能力，却也不得不承认他硬是有能力绕过听众的理解力，在他们相信已经紧紧握住理解的衣角之时，又忽然被抽走。然而这类在哲学论述里常常十分有用的机巧与灵活，在他的表情和语调上是完全看不出来的。他在讲桌前朗读了这行意境崇高的诗，然后就收拾了讲稿，离开了讲台。"

注视一个人，他的目光总不坦然；若对人看，也只能维持很短的时间。对他的相貌神情，可以有这样的自然描述：前额费劲地紧绷，头低垂，眼睛半闭，偶尔会抬起头张望一下，以确定四周的状况。如果对话中有人一定要他正面地四目相接，那他的表情就会退缩而不确定——要与人坦然往来，是他办不到的事情。另一方面，他自然流露的表情则是谨慎、狡猾且猜疑的。他讲课的时候，会看着稿子接连不断地说话，没有手势辅助，也没有空洞浮夸的言辞。他唯一使用的演讲技巧，是一种精心雕琢的朴素风格，一种逻辑命题般的严谨，以及将悬疑与张力设计在内的演讲结构。他精神集中时的神情看上去显得十分费劲，左右脸不对称，虽然不好看，但饶富兴味——这些都使他的表情更强烈地表达出来。一条暴凸的动脉横穿他向前微拱的额头，他一切的生气，仿佛全都用在这片额头上了。我们看见这额头在工作，而且只为了自己，完全不考虑听众——事实上他的演讲与其说是对听众发表，还不如说是要他们坐立难安。他站在讲桌前，有意地与听众疏离开来，带着一种已经成为惯性的镇定，读完一页稿子就翻一页。海德格尔在马尔堡最后一次演讲时[1]，学生们在他的讲桌上放了一束白色的玫瑰。他走进来时眼光跟平常一样朝地板看，踏上讲台，以便在已经变得很冷清的大讲厅里，极不情愿地把讲座课进行到底——那束玫瑰花显得全然放错位置，海德格尔也气愤地不去管它。

1　这次演讲发生在 1928 年，这一年海德格尔离开马尔堡转到弗赖堡接替胡塞尔的教职。

这个矮小的巨人（自《存在与时间》出版之后我们叫他"时间智者"）具有一种充满力量的专注精神，深深地吸引了我。好几年的时间里，我试着跟他建立一种人与人之间正常的往来关系，却没有什么成果。他在生活中将自己封闭起来，把一切与他人的牵扯都阻隔在外，只喜欢在他的演讲里，用堆砌了诸多概念的语言，"对所有人，也不对任何人"，说着他与人单独谈话时说不出来的，或者不愿意说的东西。他的认知所及之处，都伴随着他的猜疑——事实上这认知正是从猜疑而来的。这猜疑所产生的结果，是对既有传统的第一流批评。他所受的学术训练，一切都是第一手的。他的书房并不是个藏书楼，而是以他从少年时期起便已通读的古典作品为限。古代、中世纪以及近代的主要典籍，他都一样精熟，但是对社会学与精神分析则没有好感。他对一切文化活动与教育事业毫不节制的批评，让我们又爱又恨，而他自己则带着狐疑，监视着他狐狸洞的入口与出口——这个狐狸洞是连他自己待在里面也一点都不自在的。他在自己选择的疏离里感到痛苦，也常常试着拓展人际交往的范围，但结果总是立刻又退回自己的世界里，遁逃到工作之中——而工作使他根本上柔软而有感受力的本性，变得刚硬与僵冷。

论出身，他是一个单纯的教会雇员之子，但由于职业，他成了一整个阶层的激昂代言人，而这个阶层却又被他所否定。由于教育经历，他本是耶稣会信徒，却由于愤恨，成为了新教教徒。训练上，他是经院哲学的教义论者，在经验中，他却成为存在主义的实用主义者；论传统，他算是神学家，作为一名研究者，他却是无神论者；他事实上是个否定传统的人，却又穿着研究传统的历史学家的袍服。他存在主义的味道一如克尔凯郭尔，又具有黑格尔一样的系统哲学的意志；在方法上极其辩证，在内涵上却十足地层次单一；有断言肯定的姿态，却源自于否定的精神；在他人面前保持缄默，但对他人的好奇却又少有人及；在终极的立场上激进而不容转圜，但在这之前的每一步却都乐于妥协——尽管这个人给他的学生留下的印象是这么的两极化，但他们仍然着迷地留在他的课堂里，因为他的哲学意志是如此强烈，远远超过其他哲学教授。

贝克尔反向的"崛起"

在海德格尔最早的学生里，论成熟度与聪明才智，贝克尔（O. Becker）是极为出色的。他在一战之前就已经完成了大学学业，1919 年跟我同时到弗赖堡跟随胡塞尔，也是在这里他开始受到海德格尔的影响。从性格上的每一点来说，他跟我们共同的老师正好都相反：他纤细、脆弱、易病，有鲜明的现代性气质。从两人的笔迹里，就立刻可以看出这样的对比：海德格尔的字铺在纸上，是均匀而有纪律的，方直而清楚的，锐利而简化的，没有任何摇晃。贝克尔的字迹则是向所有方向飘散，透露出来的是他意志的不振作，缺乏生命力。贝克尔在哲学上的纳粹思想也跟海德格尔的正好相反：他的纳粹立场跟他真正的存在没有任何直接而连贯的关系，他的"崛起"不过是回应他本性中的脆弱。

贝克尔出身于一个有传承的富裕家族，父亲是莱比锡附近地区的大地主，不过这旧日的中产市民阶级传承在贝克尔身上已经成为过去式。他的婚礼（我是证婚人）便是很好的象征：一切中产市民家庭与基督教的礼仪，他全部忽略。结婚那天早上，他跟我一起到弗赖堡的火车站，用五帝国马克的酬劳，请了一位行李搬运工充当规定必须要有的第二位证婚人。这位服务人员是当天在市公所民政科里唯一穿礼服的人，而我们只穿着平日上街穿的西装，也没有进行一般的教堂婚礼仪式。庆祝婚礼的方式，仅仅是到一间较好的餐厅吃午饭，而不是大学的学生餐厅。这一对新人接下来就搬进他们那一间采光很差的双房公寓，好几年都过着清苦的学人生活，一直到贝克尔终于在胡塞尔手下完成了就职论文，在海德格尔前往马尔堡之后，从他手中接下了助理的职位为止。后来贝克尔在波恩大学当上了教授，就一直在那儿任教。他常无精打采，缺乏冲劲。他的妻子刚认识他时，是一个受到青年运动与表现主义影响、十分独立的女孩。她非常神经质，对生存意志怀有疑惑，经常不吃饭，不停地抽香烟、喝黑咖啡。"但泽的黄金水"[1]是我们在哲学讨论小组里常喝的酒。我们时常会讨论到深夜，与一群朋友度过几个钟头的美好时光。

贝克尔的身材很引人注意：他高挑、佝偻、肩膀下垂，走路时会奇怪地歪斜，在街上常沿着路边畏缩地走着。他脖子很长，头特别大，有个高耸而漂亮的额头，往下是削薄的鼻子、柔软感性的嘴，以及略小的、无力的下巴。他温和的眼睛有一种沉思而退缩的目光；他的双手细腻，也很能传达某种印象。他整个人是敏感而怀疑的、反道德的，也充满智性，他总是避免作武断的决定。他的模样跟后来所遇到的某位冲锋队先生的

1　"但泽的黄金水"（Danziger Goldwasser），指一种甜酒，酒里掺有 22K 的金箔。

类型正好相反。这位冲锋队先生 [1] 使他产生如此的惊讶与兴趣，使得他完全没有发现到此事多么荒谬。贝克尔书读得很多，特别喜欢法国的情色文学；对于克尔凯郭尔，他也只对《诱惑者的日记》（*Tagebuch des Verführers*）感兴趣。他扎实研读萨德 [2] 与布勒托纳 [3] 的程度，不亚于读柏拉图与亚里士多德。他对学术的兴趣是多方面的：他能驾驭高等数学与物理学的根本问题，并把这些学问当成某种美学游戏来看待；美学与艺术史方面的知识十分渊博；对弗洛伊德的精神分析理论的认识，具有专业学者的水平；研究过梵文与中文。他对种族理论的兴趣起初是不带政治色彩的，这跟他对自然哲学的爱好有相当的关联，他关注的是一切无意识的、与本能相关的东西。有别于海德格尔的"此在"，他想把这种无意识与本能的东西，当成原初的"此在的本质"（Dawesen），并且以哲学概念来发展它。海德格尔的讲座课中他感兴趣的只有学术的一面，海德格尔的个人魅力与沉郁的号召从头到尾都没有打动过他。贝克尔积极从海德格尔处吸收的，是他对古希腊哲学的诠释，但在另一方面，他讲的基督教神学对于贝克尔，则完全无关紧要。贝克尔跟我一样相信尼采是"最后的哲学家"，因为斯宾格勒所说的东西"从一种丑陋的角度来说是有道理的，而有道理就是有道理"。

1　可能是影射海德格尔，第 93 页提到他穿着类似冲锋队制服的服装。

2　萨德侯爵（Marquis de Sade, 1734—1806），法国作家。作品中有颇多情色的描写。

3　雷蒂夫·德·拉·布勒托纳（Réstif de la Bretonne, 1734—1806），法国作家。"恋鞋癖"（retifism, shoe fetishism）一词即以布勒托纳命名。

1933 年后，贝克尔改变了对斯宾格勒的意见：纳粹对他来说成了一种"欢愉的科学"，成为他克服虚无主义的方式——斯宾格勒已经没有可用武之地，"我们已经听腻了他宣告着盲目的命运，他永远不停的卡桑德拉式的预言已经让我们感到很无聊"——句中的"我们"是贝克尔以前从来没有使用过的语词。这里他要传达的意思是：我们是青年的党，未来是属于我们青年的，我们在希特勒的旗帜下大步前进（贝克尔加入这些青年时大约 45 岁）。对贝克尔来说，福楼拜与波德莱尔、陀思妥耶夫斯基、克尔凯郭尔，还有为自身忧虑着的存在主义哲学，这些所幸都算是过去式了，因为人们不再需要为自己独特的"灵魂"伤脑筋，现在有一个新的"典型"（Typus），一个柏拉图所说的相（eidos），它作为生命的形态，站上了领导的地位。他所理解的生命，特别指的是尼采从《权力意志》（*Willen zur Macht*）里导引出来的、狄俄尼索斯式的生命概念。而他所理解的"典型"，则是恩斯特·容格尔在他 1932 年出版的《劳动者的形貌》（*Die Gestalt des Arbeiters*）一书里，拿来与中产市民阶层的个人主义针锋相对的东西。贝克尔认为，尽管套用尼采来理解纳粹，不管从哪一方面来说都是不伦不类的，但这个时代毕竟就是这样理解尼采的——跟今日青年理解他的方式一样，也就是把尼采看成一个新的、充满未来的开端，因为他带领大家从基督信仰的势力范围里走了出来，并把退路截断。在尼采的狄俄尼索斯颂歌里，那永恒轮回的生命有一种节奏，这节奏跟作为生命的基本形态的"权力意志"是完全相等的。而且，"具体地

左起：考夫曼、贝泽勒、贝克尔、图斯特、海德格尔、
维洛特，摄于弗赖堡，1922 年

放在今日的状况里，我们可以按照青年们的意思说：也跟褐色制
服的部队行军的节奏完全相等！"在这里把尼采的诗句联结、过
渡到冲锋队的行军步伐的人，不是随便一个少不更事的冲锋队学
生，而是一位大学的哲学教授。而这是一个很好的证据，证明如
果人把精神的领导权交给血缘与地缘的话，那么即便拥有最精致
的文化教养，也无法免于最粗劣的品位错乱。不过对于这种批评，
贝克尔事先就备妥了一个学术性的辩解方法（1932 年他在给我
的信里这么说）：因为政治运动与政治抉择极大程度都是在"无
意识"里完成的，所以，人们若看到，连那些非常懂得摆脱成见、
十分明智的人，一讲到政治的议题，也开始以骇人的程度说出逻
辑不通、概念混淆的言论，也就不需要太惊讶了。

纳粹政变的两个月之前，贝克尔写给我的一封信可以作为忠实的表征，说明德国的知识分子在一体化运动前夕，普遍来说是处于怎样的状况。他在信中写道：可是我们大约都有这样的感觉，"中产市民的时代"就要结束，而某种新的东西已势不可挡。雅斯贝尔斯所说的"失败"哲学，正是用他的方式，对中产市民阶层的安全理想之结束所做的极其经典的表达。战争与经济大萧条，加快了一切概念与秩序的崩解过程。在这崩解过程之中，贝克尔认为只有希特勒所推行的运动才有未来——尽管他并不以"现实政治"的眼光，不以这"令人颇为难堪的、实际存在着的政党的形式"来看待这第三帝国，而是把它看成一个"理念"。但是就算政治"神话"被滥用，也"不应该受到全盘的"苛责，因为这样的滥用，毕竟也宣示出一种真正的洞见，看出了存在于人民的政治生活里的真实力量。在其他方面，贝克尔十分忠实于当时的政治宣传口号，把一切形式的"自由主义"通通等同于所谓的"马克思主义"；他虽然没有研究过马克思主义，却因此更为确定这就是阻挠了德国"振兴"（Erhebung）的真正敌人，全然不知其实马克思才真正宣告了中产市民阶级的终结，又使种种反马克思的思想成为可能。跟德国所有的学院人物一样，他无法了解，也不愿意了解，在德国，马克思主义是在纳粹的反马克思主义宣传里，才成为政治的现实。我反驳说，纳粹其实是个小资产阶级的运动，是一个普罗化的中产阶级的暴动，所以根本不是中产市民时代的终结，而是中产市民阶层的庸俗化，其实现的手段为一种民粹的独裁。但他并不接受，因为他认为"小中产阶级"是一个来自马克思的"社会学"的范畴，可是希特勒已经把德国国内的马克思主义永远地解决掉了。

政变之后（贝克尔的说法是"振兴"之后），他在给我捎来的第一封信里表达了友善的期待：相信我由于有参战者的身份，是不会被大学解聘的；然而在这样的变动过程中，也很难避免"有一些瓷器会被打破"。他说的"瓷器"，指的就是德国的犹太人。我给他回了一个措辞尖锐的信息，因此他觉得有必要再给我详细地解释。他写道，他说的"瓷器"指的不是我，而是那些实际上已经被解聘的人。而且即便如此，他所指的也还"不是那些人本身，而是他们为德国学术与艺术所做出的（如今已有部分丧失了的）贡献"。对于这样的措施，他是不能感到愤怒的。因为就算他不愿意承认这种做法很光荣，这些措施也是绝对必要的——只有这样才能排除德国文化里犹太人的巨大影响。如果这些措施原来是可以避免的，那希特勒就铁定不会把"这种对我们外交的重大负担"揽在身上。他本人对犹太人并没有任何特别的仇恨，但是相信犹太人是一种客观存在的危险，而"德国的犹太人"（他指的是魏玛体系下的民主人士）却使这种危险得以扩散。相反地，现在这场"振兴"却表示要跟马克思主义、自由主义在经济标准上决裂；同时也跟一种相信世界终将无神化、相信虚无主义的宿命信仰一刀两断。"解构"的时代已经过去，而且"领袖"——这位我所认识的最敏感的独行侠就是这么写的——说得有理："我拿走你们的过去，把未来送给你们！"就为了这句话，打破世上一切瓷器都是值得的！

"精神"与基督教在德国已成时代错置

我被解聘之后搬到罗马居住，贝克尔给我写了一封信（这是 1936 年 2 月）表示他很遗憾我必须永远离开马尔堡。他也觉得我受到的待遇是很不公平的，不只因为我当过兵上过战场，也由于我在学术上的成绩曾经为德国做出了贡献。他所说的"成绩"意思是说：对于从黑格尔到尼采的这段发展，我所写的几部哲学作品都从根本上主张，自 1830 年起，中产市民和基督教的时代就已走入过去。信上还说，我自己难道不曾把黑格尔的"精神"概念之自我崩溃拿来做过文章？他因此不能理解，为什么我现在还一直坚持要谈"精神"这回事。其实那时候我对于德国的发展，还没能够采取一个完全清楚的立场，一直要到我谈布克哈特的书（1935/36）写完之后，我才真正能摆脱尼采以及德国极端主义的后续效应。而贝克尔以为这个精神概念的公案，早在 19 世纪就已经以当时德国的意义解决了。他信上说，把精神当做哲学的最终裁决者"在德国"是一种"时代错置"，而这时代错置是 19 世纪所产生的一种合理的结果。直到现在，这件事才被清楚地认识到了。而且，跟"精神"的情况一样，基督教显然也走到了尽头。今天的青年不再为上帝或信仰"挣扎"，对他们来说，耶稣基督根本不是一个问题，他们也不恨上帝，而是对上帝全然的无所谓，因为基督教从事实上来说已经被解决掉了——这也是今天海德格尔所持的意见。不过除了"几位老先生"之外，现在也没有人还会为海德格尔的"虚无"概念感到兴奋了，现在大家若想起这段虚无主义的时光（贝克尔给这段时间的定义是 1929—1933 年），就像是想起一个死去已久的人那样：想到的机会不多，也没有多少情绪的原因在于，大家已经在奋斗中赢得了一个"新的信仰"。而且这信仰跟传统的犹太—东方基督教全无连续性可言：这新的信仰，就是那"单纯而朴素的"信仰，因此也是对德国的不可分析的信仰！没有人还愿意碰那些辩证的精细思想，只有那些还一直站在"时代与时代之间"[1] 的人才会这么做。贝克尔写这些话，语气带有全然的同意与满足，而这话，竟是出自一个完全由这类"精细思想"构成的人！贝克尔继续写道：如果我今天还要用那向来有效的破坏论的办法来吸引听众，是一定不会成功的，因为人们灵魂上的那把锁在一夜之间已经换新了，我那把老钥匙是打不开的。德国已经从虚无主义的黑夜里"觉醒了"（erwacht）。青年们已经全面从基督教的领域里跳了出来，跳进了"某种古老、自然、异教的"世界里。这个新的德国异

---

1 这是戈加滕的名言，脉络是 20 世纪初德国的辩证神学思潮。这是指文化与宗教已然毁灭，而上帝的时代尚未来临，人们立于这两个时代之间（zwischen den Zeiten stehen）。结果是，文化与宗教已无可挽救，现在唯一关键的，是向上帝探问。

与母亲的合影，摄于罗马，1936 年

教的信徒们不再像尼采说的那样穿着神话戏服，而是穿着当前的冲锋队制服，顶着钢盔也配着枪。这场从尼采开始的时代洪流，已经把基督教与"精神"都给吞噬完毕。在一个这样的时代里，单独的个人做什么或想什么并不重要，重要的是，在德国青年的信仰所支持的运动里，他是不是能成为代言人。有一次，我针对纳粹哲学家海斯（H. Heyse）新出版的书《理念与存在》（*Idee und Existenz*,1936），写了一篇充满批判的书评，并且把这书评寄给贝克尔看。他给我的回答是，我不可以对这样一本书进行细节上的批评，而应该认可这本书是一个业已改变的时代所传达的讯息，海斯也只不过是一个站在这条德国前线上的"单纯的战士"。贝克尔说，我在这类书本里面觉得很原始的部分，其实不是原始的，而是如元素般基本的。而且这新的纳粹的思维方式，最根本的斩获，正是在于摆脱了原来的那许多问题——特别是摆脱了关于个别存在的提问，或者用宗教的意味来说，摆脱了对于灵魂救赎的兴趣。奥古斯丁说"我对于我自己成了一个问题"[1]，如今已经没人说这句话了，反之，人们或许会探问的是民族生命的自然基础，探问土地、种族、地域与血缘……对于海德格尔与雅斯贝尔斯在哲学上的领导，我们也必须从种族的观点来考察。在雅斯贝尔斯的"存在"与"超越"（Transzendenze）哲学里，作为真正的推动力量的，是一股"北方的孤寂，以及一股吹向无边广远、吹往不可测之深邃的气息"——然而这种哲学，贝克尔说，还是没能掌握到真正在最首要意义上推动德国当代的力量究竟是什么，一直到海斯才算是把握到了这一点。贝克尔甚至在一期《种族学学报》（*Zeitschrift für Rassenkunde*）里写了一篇热情洋溢的书评，献给这位"领导德国哲学界、为北方精神奋斗的战士"，不过这并不能改变这本言辞浮夸的劣作仅仅一年之后就被时代淹没的命

1　quaestio mihi factus sum，语出奥古斯丁《忏悔录》（*Confessiones*）卷十、卷三十三和卷五十。

运。[1]贝克尔一直不能完全确定海德格尔的种族属性，不过他认为，海德格尔身上纵有真正的北方风格，却极可能也不幸地混了一点"西亚与巴尔干地区"的血统。

1938年，贝克尔在《种族》（Rasse）学报上写了一篇谈论《北方的形而上学》（Nordische Metaphysik）的文章，这也是他最后一次寄给我的东西。文章开头有一个十分大胆的论断，说形而上学完全只在北方才成为可能，而"北方的命运"则是个人的、种族的，也是民族的。因此形而上学也就不折不扣等于是"北方的世界资产的一种表达"。也因此形而上学最鲜明的特征也就是北方灵魂的特征。贝克尔〔援引克劳斯（F. Clauss），一位与我们一起跟胡塞尔读书的朋友〕对这北方灵魂有如下的描述："它的目光无尽深远，能探入无边的广阔与无底的深渊，对任何有限地立在眼前的形貌，及其呆板与过度简单的一目了然深恶痛绝，对一切'得到最终解决的问题'全无信任。它喜爱自由的天空，喜爱层次井然的远方蔚蓝，喜爱暴风与洪水——因为它们总是将一切重新拔起，也冲毁所有的墙基。这北方灵魂同时又具有不可抑扼的意志，非达成一个鲜明的成果不可，而这样的成果是在事物本身之上得到实现的；它也与悦耳的空话水火不容，尽管这样的空话或许总让南方国家的人心醉神迷。

---

1 作者注：海斯最爱用的词有关键的、根本的、坚决的、不容情的、彻底的、原初的（有比较级与最高级）、原初根基、原初问题、原初价值、原初力量、原初暴力、原初本质，特别是他简直把深邃、更深邃、最深邃等词滥用到了极点，只要在该文第112页或第294—300页里数一下就可看见。

伟大的希腊与德意志的形而上学家之所以建立他们的思想巨构，并不是为了要搬演一出壮观的戏剧，而是为了要研探最初与终极的事物，看看它们是怎么一回事。"接下来贝克尔还引用了"古希腊时代的古老北方思想家"赫拉克利特（Heraklit）的一句话。最后他把北方的命运拿来跟基督教的原罪意识作了比较："一边是胆大而逾越、盲目而妄为，另一边则是犯罪的能力，甚至是除了犯罪之外别无他能 [1]。北方的命运也就是：犯上与沉沦，明知而走入死亡；选择自己的命运，而完成这起始的基本决定之后，对自己保持矢志不渝的忠诚；即便是勇敢的逾越者，其死亡也是光荣的。西亚 [2] 的命运则是通过"预先注定"（Prädestination）而被给予的，上帝事先就决定好了谁是有罪而得下地狱，谁又会被赦免而得到救赎。永恒的地狱之苦、内心的谴责、徒然的懊悔，这些都无从逃避。通过耶稣基督而得的救赎，作为一个例外，要在无止境的折磨、受责难者的耻辱等背景的衬托之下才显明可见"。贝克尔接着说，可惜日耳曼人不被许可（请想象贝克尔在这里是一个大胆逾越的日耳曼人！）纯然按照自己的方式建立自己的哲学，他们被基督教成功地改变了信仰，于是西方的精神史，就此充满了与"西亚的（即犹太教与基督教的）毒

---

1 此句原文作：Hier Über-Mut (Hybris) und Verblendung (Ate)–dort das Sündigenkönnen (posse peccare), ja das Nicht-anders-als-sündigen-Können (non posse non peccare)，中文只能意译。Hybris 与 Ate 都是希腊文，意为"傲慢、逾越"与"盲目、不知高下"，也指因此而犯下的过失；而 posse、peccare 等则是拉丁文。

2 西亚（vorderasiatisch），这里似指基督教的发源地，与纳粹论述的雅利安人的"北方"起源有区别。

药"进行的斗争。然而德意志并不是被基督教打造出来的日耳曼，而只是一个被基督教面具遮住的日耳曼。如今这光鲜的表面褪去了颜色，正有益于德意志暨日耳曼的本质存在，而不论是否愿意，欧洲都必须靠它从病态中康复。如果纳粹不能成功地使这已死的世界重新振作起来，那么德国跟欧洲就会无可挽救地消逝。[1] 这类典型的二选一，是现在许多受到战争、通货膨胀与政治革命影响而变得激进起来的德国人的想法。我从德国文学学者诺曼那里也听过与此完全一样的论调，他也是把一切筹码都下在最后一张牌上——在他的意识里，若非如此就会全盘皆输。贝尔特拉姆在他的演讲《论德国之崛起》（*Der deutsche Aufbruch*）里也强调同样的想法：假设德国不只是为自己，也为整个欧洲世界战斗，而如果这一场战斗失利的话，那么这将意味着"白人世界的终结"，意味着"世界退返混沌、白蚁占据星球"。海斯的说法也一样："帝国若是有辱这份使命，就再也不会有任何民族有能力挽救历史的最深刻意义。"恩斯特·容格尔的用语较有怀疑的意味：我们必须将战争这虚无的行动（其结果就是将欧洲折磨殆尽），一直推进到一个必要的终点，而德国的希望就捆绑在那"剩下来的东西"之上〔见《冒险的心》（*Das abenteuerliche Herz*）〕。

贝克尔这样断然地把有关北方的论题当成自己新的世界观，是很具有代表性的。同样具代表性的是，他在私下谈话的时候

---

1 以下是洛维特的话。

一点也不否认，第三帝国的整套文化政策是德国变革里"最弱的一环"。而且关于这一点，照他1936年给我的一封信上所说，一点改变的希望也没有，因为找不到一个真正卓越的人物来驾驭这个任务，而且只有组织的问题上了轨道，除此之外所有的问题都尚未解决。文化部部长伯恩哈特·鲁斯特（Bernhard Rust）完全是一个"没有内涵的庸才"；恩斯特·格里克（Ernst Krieck）是一个"刚愎自用的白痴"；种族主义理论家汉斯·君特（Hans Günther）是一个"徒有其表的巨人"，没有谁比他更不配称为一名研究者。贝姆勒比较起来还算是里面最有才干的。我一再地遇到这样的情况——他们一方面对纳粹表示整体上的赞同，可是对于自己专业领域内的情况，他们又表示反感。他们认可纳粹做出了正面的贡献，但是得抽掉他们职权范围里"最弱的一面"。如果你问一个艺术家，他会告诉你：尽管新的"有种族特色的"（arteigen）艺术是悲惨可笑的，"但是"新建的高速公路是真的很壮观，经济起飞的力道又大又猛。学术界就是这样用自己领域以外的进步来自我安慰，但却忘记：只有自己的领域，才是他们有责任也才有能力判断的地方。

1936年我那本关于布克哈特的书出版时，贝克尔给我寄来了一封信说，在布克哈特那里虽然可以找到许多很美的、令人愉快的、很棒的想法，但是根本来说，他不过是一个"格调还算高的抱怨者"。不涉政治的立场、旧时代的市民中产文化，这些东西虽然很令人向往——就连他自己有时候也梦想着别生在莱比锡，而是生在巴塞尔[1]；过着富裕的望族生活，不受到历史变迁的影响……但是这些老早都已经过去了，甚至并不真正值得向往。他自己从 18—25 岁也经历过与此相仿的生活，一直到 1914 年的 8 月 1 日为止。他还写道，他必须加上一句话：他从来不曾像在一战前的那些日子那样，如此感到不幸。

最早的时候，那个真正的贝克尔就是用这些信念跟我说话的。然而他却不知道，在希特勒掌权之后，他口里所说的这些评论里的新德意志的激情，若借用尼采的话来形容，只不过是一个"滋养着生命的幻觉"。

1　巴塞尔（Basel），瑞士第三大城市，也是布克哈特生活的地方。

贝克尔对于犹太问题的立场

谈到贝克尔跟我的私人交情，他曾多次对我保证，我们的交情"自然"不会因为外在的政治事件而有所改变。他永远愿意"不去强调我有部分犹太人血统的事实"（其实他搞错了，以为我只是 50% 的犹太人，但事实上我有四分之三的犹太血统，而那四分之一的雅利安人血统，因为我父亲是私生子的缘故，无法被证明，并且我也从来没兴趣证明这一点）。他觉得他采取这种自由开明的见解是说得过去的，因为在希特勒上台以前，我从来没有强调过我是犹太人，也向来自觉是一个德国人。我父亲无论从性格或外表来看，都像一个最道地的德国人，我的朋友只有极少部分是犹太人，我的太太是德国人，而且我与母亲方面的亲戚一向没有什么联系。我生命的重心在于"解放"[1]，直觉上，我在面对犹太人的时候比大多数日耳曼人更为敏感，可是贝克尔却原则性地拒绝承认这个我从一开始便持有的立场：我要从犹太文化里解放出来，而进入德国文化。他一

1　指从犹太文化与属性中解放出来，如下文。

方面想跟我维持原来的关系，一方面却坚决地否定他与犹太人有任何牵扯。他在寄到日本给我的信上说："也许今天的德国犹太人跟德国文化，仍然有关联，就算是有敌意也一样。但是今日的德国人却跟犹太人没有丝毫的关系，既没有友善的关系，也没有敌对的关系，犹太人现在［指在'清犹'（Entjudung）之后］对他们来说已是全然无关紧要！"对犹太文明的战斗已经完成、已经不再引起任何人的兴趣，他也不打算阅读那两本我所推荐的卡勒与普勒斯纳[1]所写的书（他们两位都是流亡的犹太人）。这两本书现在被禁是应该的，因为里面所说的话"将怀疑的种子种到德国人的灵魂里"，在政治上百分之百是荒谬的。他继续说，他之所以写这一切给我看，是因为我并不是"流亡者"，而不过只是一个受到一体适用的规定所波及的半犹太人，我这样的身份或许能理解双方的立场——这种划定种族成分的政治动物学，对于我们这位学者贝克尔来说，竟然可以成为如此理所当然的事情。任何牵涉到犹太人问题的一般人道考量他从来想都不想，因为这于他只是"枝微末节之事"。他把"个人"与犹太朋友的来往，与纳粹"事实上"必要的政治措施当成互不相干的两回事，一点不觉得有任何窒碍（有时他把这些政治措施当成"理念"来援引，有时则当成"事实"，这视他谈话的需要而定）。所以他从来不能理解，为什么在德国"振兴"

1　赫尔穆特·普勒斯纳（Helmuth Plessner, 1892—1985），德国哲学家，哲学人类学的奠基者之一。

之后，我把自己归于遭受贬低损害者的一边。为什么比起希特勒或施特莱彻[1]他们个人对犹太人的仇恨，那种对犹太人命运完全漠视的态度，反而会让我感到更强的敌意。这一点对他而言一直是个谜，他那套种族成分论也不能给他答案。可是恰恰在这一点上，贝克尔正是千千万万"简单朴实的"德国人当中的典型——一方面从原则上敌视犹太人，另一方面却与他们的犹太朋友维持原来的关系；他们轻易而廉价地作了一个区分，好把这两面联结起来。他1937年的一封信，结束了我们借以议论哲学、维系友情的书信往返，但这并没有结束我对弗赖堡那些年的怀念：那时我们每天都在一起，也热烈地交换我们的想法。这样的来往，不论是于我还是于贝克尔，后来便再也没有重现过了。

一战之后待在弗赖堡的这几年，我多了一个老师和一些朋友，这些人即便在我现在的流亡生活里，也留有无法磨灭的印象。从外在条件来看，那是个困顿的时代，充满着危险、困厄与动荡，然而那同时也是一个最坦然开阔、最不受拘束，也最为独立的年代。在这段时间里，年轻人仍知道要找寻自己的道路，能各自成就自己的特殊性。人们从战场里回来，对精神食粮充满渴望，而我们在大学里也真的能够依照自己的判断找到这些食粮，大学的缺陷并不构成障碍。日后海德格尔也跟我说，

1　尤利乌斯·施特莱彻（Julius Streicher，1885—1946），纳粹德国时期的重要人物，反犹主义的狂热分子。仇犹刊物《冲锋者》（Der Stürmer）的创办者，于纽伦堡审判中被判处死刑。

他再也没有遇到过同那时候一样的一群学生了。我们是最后一代自由的学生——不曾被集体价值统一烫平，也不以快速毕业为基本心态。我们的父亲仍有能力供养我们上大学读书——而且是称得上大学的大学。然而经济大萧条一来，情况就改变了。大学涌进了不计其数的人，因为失业的命运横在眼前，而大学提供了一条出路，这条路耗费相对低廉，也提供许多的学生优惠与补助。当我 1928 年在马尔堡完成就职论文的时候，虽然也仍有相当多的学生令人欣慰地知道自我追寻与求真求实，但是多数的学生已经成为学院里的普罗大众，也因而成了政治上强制一体化运动的适当基石。学生的数量增加了，变成一把统一标准的量尺，而因应教学内容独特性[1]的丧失，教师们对学生的要求也同样下降了。

---

1 意思是说，原先每堂讲课都是一堂独特的演讲，现在开始变成反复的念稿子。

与胡塞尔、海德格尔的最后一次会面

1933 年，我最后一次到弗赖堡的那两天，去听了海德格尔的讲座课，他正在分析沉默有哪些不同的方式；他自己是最懂得沉默的人。他请我到他家里吃晚饭，他太太不在家。我们的谈话避开了一切难堪的话题，主要只讨论了我是否应该放弃马尔堡，把握机会转到伊斯坦布尔。他说我可以在他家过一夜，但是我没有接受他的好意，表示要住在一位昔日的大学同学、当时已是医学院讲师的家里，他听了似乎有点讶异。第二天我拜访了胡塞尔。海德格尔已经跟他完全断绝了来往，而且自纳粹政变以来，再也没有在他这位"如父亲般的朋友"（从前他在给胡塞尔的信上都这么称呼他）的家里出现过。胡塞尔仍温和而镇定地、深深地沉浸在自己的工作里，但内心却因为这位昔日门生的行径而受了打击，而这位门生之所以能接任自己在弗赖堡的哲学讲座教授的位置，还是出于自己对他的提拔，现在这位门生更是当上了大学的校长。

我 1936 年在罗马时，海德格尔曾在那里的意大利与德国文化中心发表一场关于荷尔德林的演讲，演讲结束后他跟我回到了我与太太的住所。当他看到我们住处的设施如此简陋时，明显地露出了震惊的表情。他特别遗憾没能看到我的藏书——那些书都还留在德国。傍晚时我陪他回到他在赫兹（Hertziana）图书馆下榻的房间，他太太用一种友善但僵硬的表情，淡淡地跟我打了招呼。她大约感到难堪，因为她记得我从前是多么频繁地在她家里做客。意大利与德国文化中心的主任请我们到"炖小牛膝"餐厅用晚餐，席间避开了政治的话题。

次日我们夫妇与海德格尔、他太太、他的两个儿子——他们小时候我常常抱他们——一起到弗拉斯卡蒂（Frascati）与图斯库伦（Tusculum）郊游。天气晴朗而耀眼，尽管心里有一些难以回避的障碍，我仍为这次最后的相处感到高兴。海德格尔即便在这样的场合里，也还是没有把纳粹党徽从他的外套上拿下来，他在罗马停留的全程都戴着党徽，也显然完全没有想到，如果他要跟我共度一天，佩戴这纳粹十字章并不适当。我们聊着关于意大利、弗赖堡与马尔堡的话题，也谈到一点哲学的题目。他很友善，也很仔细聆听，可是跟他的太太一样，完全避免谈到德国的情形以及他的立场。在回程的路上我试着让他对这些政治问题坦诚地发表一点意见。我在谈话中提到了《新苏黎世报》上的论战[1]，也对他明说，我既不认同巴特对他所做的政治抨击，也不同意施泰格为他所做的辩护，因为我认为，他之所以选择支持纳粹，原因是深植于他的哲学本质之内的。海

1　参见本书第88页。

德格尔毫无保留地表示同意，并且对我解释，他的"历史性"的概念正是他"投身"于政治的基础。他也表示他对希特勒的信仰是不容置疑的；他只低估了两件事：一个是基督教教会展现的生命力，另一个是兼并奥地利所遭遇的阻碍。他跟从前一样确信，纳粹对德国来说是通往未来的道路，只是我们"坚持"的时间必须要够久。他唯一忧虑的只是，那些过度的组织与动员是在消耗活生生的力量。可是对这整个运动所具有的毁灭性激进姿态，以及所有那些"乐力会"[1]的狭隘中产市民性格，他并不觉得有何不妥，因为他本人就是一个激进、狭隘的中产市民。我对他指出，我虽然对他采取的态度大多都了解，但是有一点例外，那就是他竟然有办法跟施特莱彻这样的角色同桌共餐（在"德国法学会"大楼里）。他听了之后先是沉默以对，然后终于还是不情愿地端出他著名的辩护理由（巴特在他的《今日的神学存在》里对这些辩护理由做了很棒的整理），主要的意思是说，要不是至少有几个了解状况的人进场关心的话，一切还会"更为糟糕"。他结束这番解释时，露出一种对那些"有教养的人"的尖酸怨恨："假如这些先生没有自觉优雅以至于不肯投入的话，情况就不会是现在这样了[2]，可是实际上却是我一

<hr />

1　纳粹掌权后，于5月解散所有工会，以"德国劳动前线"（Deutsche Arbeitsfront）取代，雇主与劳工均纳入会员，而这组织本身又被纳入纳粹党，成为党附属机关以及社会统战的一部分，德国劳工自此完全失去争取自己权益的可能。这个名为"乐力会"（Kraft-durch-Freude，意为"通过欢乐获取力量"）的组织，就是"德国劳动前线"的休闲娱乐部。"德国劳动前线"于1945年被盟国占领单位裁定解散。

2　意指情况就会好得多，也就是说，像施特莱彻那样的人就不会那样嚣张。

个人在那边孤军奋战。"我回答他,可是一个人并不需要特别"优雅",就会知道应该拒绝跟施特莱彻合作。他则说:施特莱彻不值得我们为他浪费口舌,《冲锋者》杂志跟色情杂志简直就没两样。为什么希特勒不摆脱这个家伙的纠缠,海德格尔说他也不明白,或许希特勒有点怕这个人。这是一种典型的回答,因为对德国人来说,最容易的就是在理念上激进,可是对一切事实层面的东西无所谓。他们有办法忽略一切个别特殊的事实,以便能更加坚决地拥抱整体的理念,并且把"事物"与"人"分开来看。[1] 事实上那份"色情杂志"所策划的,在 1938 年 11 月已经毫无保留地被完成了[2],已成为德国的现实情境,而且没有人可以否认,施特莱彻跟希特勒在这一点上是意见一致的。

我把我写的论布克哈特的书寄给他,但是从来没有收到过他只字片语的道谢,更不用说有什么针对内容的评论。一年以前我把刚出版的论尼采的书寄给他,也一样没有回应。我还曾

---

1 作者注:一个与此类似的情况是,海德格尔也在尼采档案中心的学术委员会里跟一位如厄勒(R. Oehler)之流的尼采"研究者"合作过,大概也是为了要避免"更糟糕的事情"发生。可是实际上,他等于用自己的盛名掩护了一个恶劣的家伙。关于德国人面对事实与概念时怎样行为、有何特色,请参考黑格尔《政治与法律哲学》(*Schrift zur Politik und Rechtphilosopphie*)所说:"他们[即德国人]有所要求,但事物并不按照他们的要求而发生。他们永恒地夹在这种矛盾之间,不仅满嘴批评,而且,当他们光谈他们的概念时,既不真实也不坦诚,因为他们在法(Recht)与义务的概念里设定了必然性,可是事情并不依照这必然性进行,而同时,他们一方面如此地习惯于言行之间的冲突矛盾,一方面习惯于试着从被给定的事实里,弄出全新的东西来,更习惯于试着按照某些特定的概念来扭曲对这些事实的解释。……正是为了这些概念的缘故,德国人显得这般不诚实,不依照事物真正的模样来承认它们,也不会以事实允许的范围所限定的、不折不扣就是那样的方式来表达事物。"

2 即指"水晶之夜"及其后续迫害,参见第 12 页注释 1。

经从日本写过两次信给海德格尔，第一次是为了与他本人有关的、将《存在与时间》译成日文的事情，第二次是为了我临时需要使用几本从前在弗赖堡送给他的较罕见的书。这两封信他都是沉默以对。就这样，我跟这个人的关系终告结束，这个在1928年让我（他在马尔堡第一个也是唯一的学生）完成就职论文的人。

1938年，胡塞尔于弗赖堡过世，海德格尔证明他对老师的"尊崇与友谊"（这是他1927年把作品[1]献给胡塞尔所用的献词）的方式，就是没有费心表示过一句纪念或哀悼的话——或者他根本不敢。公开与私下的场合都没有，口头与文字上也都没有。同样地，那位贝克尔——他从就职论文一直到获得波恩大学的聘书，也就是说他整个哲学的"存在"，都受到胡塞尔对其提拔的恩惠——回避这个难堪处境的办法，一样也是毫无表示。他的理由很"单纯"：他的老师是一个被解职的犹太人，而他却是一个担任公职的雅利安人。这种英雄气概，从希特勒掌权后就成为德国人常见的行为方式——如果他曾受到一个德国犹太人的提拔才获得现在的职位的话。很有可能海德格尔与贝克尔觉得自己的行为只不过是"诚实的"与"理所当然的"，因为在他们尴尬的处境里，还能够做些什么别的呢？

1　即《存在与时间》。

弗赖堡大学时代的朋友

　　我在弗赖堡大学时期结识的朋友，大多比我年轻，也没上过战场。跟他们的联系，随着时间的流逝与距离的增长，愈来愈淡了。现在我只跟当中的两位还保持书信的联络，就是瓦尔特·马塞尔（Walther Marseille）与阿芙拉·盖格尔（Afra Geiger），这两个人都已经不在德国了。马塞尔在海德格尔指导下取得博士学位，后来成为精神分析师，尽管他在种族与政治上都没有问题，但仍早在1933年就离开了德国。他先到维也纳，在那儿娶了一个犹太女孩——完全不配合时代的气氛。我最后一次见到他，是1934年在布拉格的哲学会议上。我们两人在弗赖堡时都与盖格尔交好，她没能完成她的学业，后来在柏林的一个小公司找到一份工作。因为她的老板是犹太人，她又有一半的犹太血统，两个都必须离开德国，于是便把公司迁到荷兰去了；在那儿有为数不少的流亡亲戚需要他们援助。格尔达·瓦尔特（Gerda Walther）是一位热情洋溢的丹麦裔女孩，1919年时是胡塞尔的私人秘书。她后来钟情于通灵术、神媒与星象算命，1931年以后我就再也没有见过她了。虔信派的马

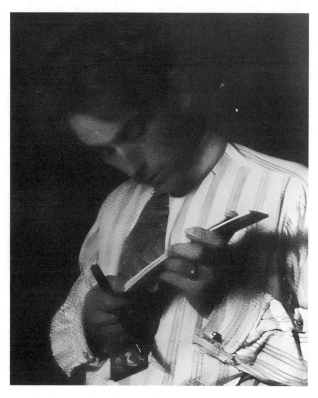

瓦尔特·马塞尔，1936 年

丁·图斯特（Martin Thust）也是胡塞尔的学生，他在出版了一本写得很出色的克尔凯郭尔专论之后，在西里西亚（Schlesien）成为牧师。海因里希·贝泽勒[1]（Heinrich Besseler）在弗赖堡大学的音乐学系完成了就职论文，后来在海德堡大学当了教授，我最后一次看到他是 1935 年，在罗马。他不再是当年那个

1　即本书第 27 页提到的朋友 B.。

值得期待的青年，但也没有变成熟，而是停滞在他发展的半路上，原因是他的虚荣心过盛，也过早适应职场的需求了。他跟我谈到德国情势时，所说的都是浮泛而不负责任的言论，所有严肃的问题他都轻浮地略过，从那时起，我就把我们从前那段几乎天天来往的美好时光，视为永远结束了。弗里策·考夫曼（Fritz Kaufmann），也是胡塞尔的学生，年纪比我们大，在弗赖堡完成了就职论文。他是犹太人，因此必须离开德国。他是那种有严格的伦理态度、对自然毫无兴趣的典型犹太人：学养好，高度自律，总是仪容整洁。至于夏洛特·格罗瑟（Charlotte Grosser），在 1933 年之前，就已经把她美丽但破碎的灵魂埋到天主教信仰里去了，我最后听到她的消息是在政变之后不久，那消息暗示"她的证件没问题"，这大约是说，她一半的犹太血统没有被官方认出。她从布修[1] 及其希腊考古学走向卡尔·巴特的神学，一路充满辛酸，最后推测可能进了修道院，消失在寂静的暗室里，不再出现于世俗的眼前，她内在生命的故事是与时代的痛苦紧密交织的。

　　我在 1919—1928 年的经历，可以简短的描述如下：在大学读书；获得博士学位（1923）；由于通货膨胀而到梅克伦堡（Mecklenburg），在一位大地主家担任家庭教师的工作；逃离我的周遭，搬到意大利（1924—1925）；回到马尔堡（1925）。还有就是一段等待的时间，一直到就职论文结束（1928）。

1　恩斯特·布修（Ernst Buschor, 1886—1961），德国著名考古学家。

通货膨胀将现存的一切吞噬殆尽

当我 1922 年开始写博士论文时，海德格尔还只是讲师，因此我不能找他指导我的论文。我于是到慕尼黑，把论文提交给莫里茨·盖格尔。当时在德国盛行的主要气氛，是一股席卷一切的贬值风潮——不只是货币的贬值而已，而是一切价值的贬值，纳粹的"价值革命"就是这股风潮的一个结果。为这场政变提供基本条件的首要因素是一战，第二就是通货膨胀：这些因素将现存的一切都吞噬消耗，社会的与政治的生活随之变得激进而极端了。中产市民社会的安定秩序于是宣告终结，中产市民在一场豪赌之中丧失了所拥有的一切，唯一的赢家是国家。几乎没有一个德国家庭的生存基础没有被冲蚀殆尽或者被洪流卷走。我父亲在几个月之内失去了 40 年辛苦工作所攒下的积蓄；在那 40 年里，他从一名三餐不继、领奖学金度日子的学生，一路奋斗成为富有的中产阶级。他失去了战后卖掉施塔恩贝格湖畔别墅后获得的收益，失去了他太太的嫁妆，失去了她的人寿保险（因为他再也付不起保费），还损失了他以大笔资金买入的德国战争债券。在他的遗物里我发现一个小包裹，里面有

30张棕色的千元面值帝国马克。他保留这些钞票，因为他天真地以为，也许有一天这些钞票会重新得回原来的价值。我把这叠钞票拿去一间银行，每一张只换得十芬尼的收藏价格。我从祖父那里继承了价值三万帝国马克的股票，通货膨胀结束的时候，这些股票的价值只剩下"整整"三帝国马克。我在梅克伦堡当家庭教师的月薪是50公斤大麦，可是换成钱后，很快就只能买得起大约五根雪茄。同时社会上的情况已完全改变了：古老而家业稳固的家族一下子变穷了，而身无恒产的年轻人通过银行的投机操作变成了大富豪。向我父亲购买绘画的买主，不再是德皇威廉时代的有钱商号董事，而换成了工业巨子、投机客和制鞋工厂的业主；他们买画是为了要把钱投资在有价值的标的上。就连四年之久的战争也没有像这场风暴，这样严重地粉碎了人的道德以及整个生活。这风暴把人们一再地掷入深渊，使年轻人从绝望中兴起一种冒险的意愿，一种不顾一切的态度。在这种诡谲的事件里，大战的真实意义才真正彰显出来：它代表一种倾其所有的支付行为，一种全盘的毁灭，其结果就成了这段物价膨胀期间的一切归零，也是这千年帝国的归零。德国中产市民的美德在当时被洪流冲走了，而这股污秽的洪流里夹带着的运动力量，在希特勒身边排成了战斗的队形。

梅克伦堡的家庭教师生涯

在这段时间里，为了不让我父亲负担更重，我到北方找了一份家庭教师的工作。我已经有一点家教的经验，在弗赖堡读书时，曾经中断过一学期，到不远的巴登－巴登（Baden-Baden）一位工业大亨的家里，去教他的两个儿子。现在这座科格尔（Kogel）城堡让我首度得以一窥德国北部乡间贵族的生活情境。他们在那里过的日子跟一百年前差不多：有一套小王侯般的宫廷礼仪，许多穿着制服的仆人，厨房里雇用的人力多得难以计数。日常生活的流程像是一部永远不停的自动机器，所有邻近领地的贵族不断地相互宴请。这些宴会请客的原因包括小孩出生、丧礼、订婚、结婚、受洗、出猎以及马术竞赛。农场的经营工作由一位领事负责，他和他的女秘书，连同我一共三人，是唯一的平民，除了我们之外其他都是公爵、侯爵、男爵、宫廷贵族与乡绅，身上披挂着五花八门的绶带与勋章。开始用餐之前他们感谢耶稣基督赐给他们"每日的面包"，桌上摆的却是带蜜的蜂蜡、鳗鱼、鹅胸、硕大的鲤鱼、煎猪排和蛋糕。城堡的藏书室就没有这么丰富了：一本于哥达（Gotha）出版的贵族名录、几本乌尔斯坦出版社（Ullstein Verlag）出版的小说、一本关于席勒与克尔纳[1]的书，此外就没有了。每间客房必有的，是一本新教的赞美诗集，还有一份《十字报》[2]。很奇怪的是，他们聘请我的时候，对我犹太裔的姓并不以为忤——只要我不是从柏林那个可恨的犹太城市来的，而且也信仰新教，他们就满意了。他们对希特勒只有一种遥远的兴趣，更重要的是，他们倾慕的是君主政体，而且反天主教。每天早上我给一个 13 岁的男孩上课，其他时间我都可以自由支配，我也很享受这地方的美景；这地方的人在通货膨胀的时代里过着物质过剩的生活，只要卖一头公牛就足以缴一整年的税。九个月后我离开科格尔城堡，先到了慕尼黑，在那儿打点我前往罗马的行李。

1　克里斯蒂安·戈特费里德·克尔纳（Christian Gottfried Körner, 1756—1831），席勒的好友与赞助人。

2　《十字报》（Kreuzeitung），正式名称是《新普鲁士报》（*Neue Preußische Zeitung*），立场保守。1848 年创立，1939 年停刊。刊头有一个铁十字的图样，《十字报》的俗称由此而来。

逃离眼前的时代：去往意大利

我登上了开往维罗纳（Verona）的火车，把德国、通货膨胀与政治留在背后。我心情渐好，在南部的"大赦年"的庆典里，觉得自己完全正常了。不久之后，一个对我很好的叔叔给我寄了钱来，我尽兴地享受着罗马轻松而愉快的生活，住的地方是"虔诚之地"[1]一家小小的民宿，离圣彼得教堂不远。在德国考古研究院[2]有一些德国人可以来往，机构的第一助理莱曼 - 哈特勒本（Lehmann-Hartleben）博士是一位出色的罗马、庞贝城与奥斯蒂亚（Ostia）方面的专家，他非常好客，家中的大门总是为所有住在或路过罗马的德国人敞开。希特勒登台后，我又在罗马跟他和他的家人见面，这时候他已成为流亡学者圈的核心人物。1924 年，凭借过人的精力与才干，他在德国考古研究院扮演了一个很重要的角色；但是到了 1934 年，他连中心的图书馆与房间都得仰赖路德维希·库尔提乌斯（Ludwig Curtius）

1　"虔诚之地"（Borgo pio），位于罗马，紧邻梵蒂冈。
2　德国最古老的研究机构之一，隶属德国外交部。

主任特别的恩准才能使用。1925年四月我动身前往西西里岛，在巴勒莫（Palermo）很高兴地再度见到意大利医生纳卡里（G. Naccari）——十年前在塔迪卡多雷（Tai di Cadore）的野战医院里，我的性命就是他救回来的。[1] 接着我又搬到佛罗伦萨，在塞第纳诺[2]的一位石匠家里租了一个房间。从我房间的窗子里向外看，视野越过橄榄树小山丘与柏树林，可以看见下面大教堂的美丽圆顶以及那座高瘦的钟塔。在撰写就职论文的工作之余，我每日从清早到傍晚，都享受着在这片托斯卡纳氛围里的存在之美。在这里，一切都是清楚、固定、透明的。午餐我就在唐罗西（Don Rossi）长老的天主教宿舍里，跟他所照料的英国退休老人一起吃饭。这位优秀且有趣的先生后来被人从他漂亮的房子里给赶了出去，他的敌人嫉妒他从这些外国客人身上赚到了些钱，在主教耳边诬告了他不少罪名。当我1930年一次度假旅行再度见到他时，他已是一个受尽摧残、由于愤怒与忧虑而半疯了的老人，他最后悲惨的那几年是跟他那位巫婆也似的忠实女管家一起度过的；他完全落魄了，住在一个类似鸡棚的房子里。欧布西耶（R. Oboussier）是一位年轻的作曲家兼演奏者，他的母亲在罗菲查诺[3]经营一家专门出租给德国女孩的民宿；我跟他常在托斯卡纳的小山上一边谈话一边散步。我也在他那里遇到沃尔夫凯勒，我们三人在一个天朗气清的夏日傍晚，在塞

---

1 参见第11页。

2 塞第纳诺（Settignano），在佛罗伦萨的郊区。

3 罗菲查诺（Rovezzano），在佛罗伦萨市区外围。

洛维特在佛罗伦萨，1925 年

第纳诺一起看了一场业余剧团演出的戏剧，该剧团演出的压轴戏码叫做《大街》（*La gran' via*），我后来再也没有见识过剧里的那种热烈场面、那样的灵动与趣味。当地的一位律师一边弹钢琴，一边指挥这场表演，演员全都是地方商店里的年轻人。罗西长老的厨房女佣穿上一位退休英国老太太的晚礼服，表演一个女爵的角色，如此地传神，好像她这辈子从来不曾是别的身份一样。十年之后这座大厅变成了纳粹的聚会酒吧，而我的房东压低了声音告诉我，自从纳粹在他们这里执政以后，从前那种愉快的日子也就一去不回了。

重返马尔堡，取得教职

回到马尔堡之后，我又与我的朋友马塞尔重逢了。他帮我在罗滕山街（Rotenberg）上的一间民宅里租了一个房间，接下来的几年里我都是这家人的房客，住得非常惬意。房东太太德布尔（de Boor）女士是一位聪明又不失亲切的人；她与我成了好友，也因此对我的太太很有好感。她是一个带着人智学（Anthroposophie）色彩的基督教团契的热心成员，并且不是那种苍白而缺乏人味的类型，而是鲁直、能干又不带成见的。最重要的一点是，她是充满人性的。在 1933 年以后，她用信赖、谅解与助人的热诚陪伴我们度过了一段晦暗的日子，一直到今天，当我听到"马尔堡"这个词的时候，我先想到都是她。后来我跟马塞尔在欧克豪森[1]一栋小房子里一起住了两个学期，我们两个都跟伽达默尔一家来往，他那栋时常招待客人的房子，对我来说，是贝克尔在弗赖堡的住处的某种翻版。弗丽达·伽达默尔（Frida Gadamer）身边有一群朋友，他们几乎天天都到她家里

1　欧克豪森（Ockershausen），在马尔堡市区外围。

左起：洛维特、伽达默尔、弗丽达、布勒克（Bröcker）、
尤塔（Jutta，伽达默尔之女）、伊姆加德·克雷默
（Irmgard Kremmer）

报到。她活泼热情、温暖慷慨的个性，使她成为焦点，让各种个性
极为不同的人都被她吸引，她总是欢迎朋友来玩，朋友们也多半会
留下来吃饭。有一次海德格尔提出要清早七八点开演讲课，我们就
在她仅有两个房间的屋子里，一起张罗了早餐。我们在去的路上买
好东西，还漫无边际地讨论，把这堂课延长到中午时分。晚上我
们常把巴尔扎克、托尔斯泰、陀思妥耶夫斯基、果戈理和冈察洛
夫[1]等篇幅浩繁的小说拿来朗诵，念得最好听的是格哈德·克吕格
尔（Gerhard Krüger），因为他那种干涩却又有生气的格调，朗诵起
小说来特别适合。海德格尔只来了几次，他用一种狐疑的眼光打量

---

[1] 伊万·冈察洛夫（Ivan Goncharov, 1812—1891），俄国现实主义小说作家。

洛维特，摄于马尔堡希贝尔街（Sybelstraße）16 号

我们这种浪费时间的聚会，也不再愿意像从前在弗赖堡时那样，耗费课堂以外的时间跟我们相处。如果我们打算去他家拜访，他太太多半不让我们直接进去找他，而是请我们走开，或者跟我们另外约时间。在马尔堡也少了那段弗赖堡时期的自由空气，一切都窒闷纠结了起来；神学家的势力变得很大，其中跟老师走得最近的就是布尔特曼；因为他，奥托[1]把辩证神学与存在哲学称为"物价膨胀时

1　鲁道夫·奥托（Rudolf Otto，1869—1937），德国著名新教神学家、哲学家和比较宗教学家。

代的现象"，并且用自傲与尊严承受着自己相形之下的不合时宜。纳托尔普已经过世，哈特曼[1]转到科隆任教，借此避开我们这批海德格尔学生对他不怀好意的攻击，也免于面对他讲堂上日渐空旷的尴尬。海德格尔抓住了我们，而其他的教授失去了他们的学生。1928年，他终于审完了我的就职论文，也予以通过。我参战的经历，或许还加上我的新教信仰，使得任何认真反对一个犹太人通过就职论文的声音都没有出现，而且海德格尔的势力已经很强，若真有这样的意见，也大声不起来。六月中我在全院师生面前进行了我的试用演讲《费尔巴哈与德国古典哲学之终结》（*Feuerbach und der Ausgang der klassischen deutschen Philosophie*），然后是我的公开就职演讲《论布克哈特对黑格尔的历史哲学所采取的立场》（*Jacob Buckhardts Stellung zu Hegels Geschichtsphilosophie*）。我的双亲也出席了。自此我的父亲不再反对我这项赚不到钱的学术事业，也对我的未来放了心。

　　海德格尔的大作[2]在这段时间里问世了，他自己也在这学期里收到了请他回弗赖堡接任胡塞尔的邀请。另外两位哲学教授芒克（Mahnke）与彦许（Jaensch）因为海德格尔在学生间的大受欢迎而遭受严重打击，还需要时间复原，而海德格尔的继任者埃里希·弗兰克还没来。因此，我开始教书的时候，周遭的条件对我有利；我第一堂讲座课就涌进了150名的学生。那时

　　1　尼克拉·哈特曼（Nicolai Hartmann，1882—1950），德国著名哲学家，为本体论的复兴和发展开辟了新的道路，使本体论重新成为哲学研究的重要领域。

　　2　即《存在与时间》。

候他们当中不会有人想到要把我看成一个"异种"的闯入者、一个必须从大学"清除"出去的对象。一年以后我与一位德国女孩订了婚，她的父亲是柏林阿恩德高中（Arndtgymnasium）的校长，关于我是犹太人的问题，我们双方都没有提起。我的岳父是基督徒，信仰新教，所以他对我在新教内受洗感到满意。顺着他的愿望，我们在达勒姆[1]的教堂举行了婚礼。我在马尔堡教书生涯的进展，是正常而且令人愉快的，我从来不缺少兴致高昂与聪明的学生，他们当中有几个也被我带在身边。在年轻的教师里也不乏既有天分、眼界又开阔的人，跟他们的来往给我带来了收获与刺激。我多么希望有一天能跟德克特（Deckert）和法尔纳再度合开一门讨论课！短短几年内，我给自己赢得了一个稳固且受瞩目的地位，而自 1931 年起，一纸国家的教师聘书减轻了我生活的负担，我可以过着简单但是完全过得去的生活，甚至能让我到南方做长途的度假旅行。至于以犹太人的身份跟其他犹太人维持特别的联系，并不是我所乐意的；我与他们的来往，跟我与雅利安同事、朋友的来往并没有不同——完全凭借着我个人的好感与选择。我的讲座课探讨过尼采与狄尔泰（Dilthey）、黑格尔与马克思、克尔凯郭尔与存在哲学、哲学人类学、社会学与精神分析等问题。面对政治局势我是漠不关心的，而这么多年下来我也从不看报纸，一直到很晚的时候，我才察觉到希特勒的危险已经威胁到我。在政治上，我跟大多数同事一样，是没有什么概念的。

1　达勒姆（Dahlem），柏林的一个区。

父亲 70 岁生日与过世

1931 年，我还能很高兴地在慕尼黑艺术家会馆（Münchner Künstlerhaus）看到我父亲身体硬朗、精神愉快地接受各方在他 70 岁的生日上向他致敬。出席了这场庆祝会的，有巴伐利亚邦文化部部长、慕尼黑市市长，还有城市里其他许多名流。无论是作为一个画家、一个有格调的人，还是作为德国艺术家协会的组织者，他都普遍受到重视与欢迎，也为人所景仰。他担任协会首届主席十余年来，无私地为职业艺术家争取权益，也取得了丰硕的成果。在祝贺演讲之后，我父亲回应的演讲，是朴素而真诚、生动且简洁的——认识他的人都知道，他最令人联想不到的，就是"犹太知识分子"或甚至"败坏的成分"[1]这样的标签。他是一个彻头彻尾的德国人，更是一个巴伐利亚人——尽管他出生于麦伦，少年时期又是在维也纳度过。因为他觉得慕尼黑这地方健康清新，很适合他，于是这个身无分文的年轻

---

1 "败坏的成分"（das Zersetzende），反犹的概念，将犹太人描述为存在于德国社会里、败坏德国文化的成分。

人就决定搬过来，在此定居。他入了德国籍，也放弃了信仰。70 岁庆生会之后一年半，1932 年 10 月，他便过世了。如果再晚一年，他就不会葬在"慕尼黑艺术家荣誉墓园"里了。母亲后来曾卖出过他遗物中的几幅画，有意的买家中包括一位纳粹区域党部的主任。为了遵守某种形式性的规定，他请居间联络的画商开一张证明给他，保证我父亲不具犹太教信仰。

政变的三个预兆

政变之前，在我周围发生了三件奇特的事情，现在看起来，这三件事像是风雨欲来的序曲。我提这些事，是因为这些事很能凸显某种症状。文化部部长贝克博士（Dr. Becker）是一位有名的东方学者，1930年他来到马尔堡大学，目的是要把新的大学基本法传达给全体教授和学生。他是一个聪明而精力充沛的人，说话直接而无避讳，保守反动的联合会学生不喜欢他，也厌恶他所代表的政府。[1] 联合会的一群学生在大学门口前的路上聚集，在部长到达时对他吹哨子喝倒彩，然后又胆小地溜得不见人影。校长的处境很尴尬，他向部长道歉并解释说，这只是"一小撮"学生，比较好的学生并不在这里面。我在之后不久的一堂讲座课上说，校长的这种解释软弱无力，因为较好的学生应该以行动证明他们是比较好的，也就是说，应该去影响这些比较坏的学生，并且阻止他们做这种蠢事，而非袖手旁观。此

1　学生联合会（Studentenverbindung），德国大学生传统的学生组织，普遍思想保守。这里所指的政府是魏玛共和国政府。

外我还利用这突发事件的机会，对学术与政治的关系做了一点原则性的议论，主要是反对学术的政治化，也同样地反对学术的空洞化。《马尔堡日报》（*Marburger Zeitung*）把我的意见加以扭曲与滥用，以至于校长把我找去问话。很幸运地，我有一位不容怀疑的证人，那是一个德国意识鲜明的讲师，那天他也听了我的演讲，并且可以向校长证实我的说法。在马尔堡，我是唯一会在讲座课里从黑格尔之后的德国哲学的脉络里讨论马克思的教师。我也发表了一篇专论，对韦伯与马克思做了一个批判性的比较。我对马克思主义感兴趣的地方，不在于其经济学与社会学的理论，而在于那是一个对中产市民与基督教世界彻底批判的典范。为此我打算带学生阅读马克思的早期哲学作品。我把这个题目公布在开给"所有学院的听众"的介绍性讲座课上，希望可以吸引一些法律系以及国民经济学系的学生来听课。课程表出来了，可是我这门课并没有列入一般讲座课的类别下。我立刻给负责的 N. 教授去了一封信询问此事，得到的回答是：马克思不在一般人的兴趣范围内，比如医学系或者自然科学的学生就不会有兴趣。我在第二封信里解释，为什么我认为马克思能够让学生感兴趣，就算撇开他对俄国的重要性不谈；而且在他们开口谈论"马克思主义"之前，先认识一些他的早期哲学作品，对他们不会有坏处。我还引用已印好的课程表，加了几句话：照我看来，一堂关于社会主义的创建者的讲座课，至少比起《穆罕默德的一生》《基督教仪式建筑的发展》《法国的哥特式雕塑》或者《巴洛克里的音乐》等课程，都更有"一般性",可是后面这些课全都是列在开给所有学院听者的一般讲座课目录之下。他给我的回答是:"您不能拿像《穆罕默德的一生》这样的一般性讲座课来比较,穆罕默德属于世界史中伟大的领袖型人物,历史对这些人已有定论,因此(他真的这么写!)这些人才会让广大的圈子感兴趣,而不仅仅是专家或者特定小团体的研究对象。"不过这种奇特的论据并不只有 N. 这位东方学教授使用,它是学院思维的一种模式:历史的力量必须先成为"历史",也就是说必须不再涉及任何人,才能让人普遍感兴趣!在这种心态条件下,看到我们的德国知识分子在真正的历史巨人面前弃械投降,而且实际上只经由希特勒才得到对马克思的一般认识时,又有什么好惊讶的呢。但或许在 1940 年的今天,有些人已经明白,俄国革命与德国的这场政变之间是有一种内在的相通之处的。

艺术史学者 D. 是我们最有天赋的一位年轻教师,他被卷入了一件很难堪的事情,招来了侵占的指控。他是一位慷慨随兴、不善经营的人,他给未婚妻买了一件首饰,可是没有付钱,尽管被催收多次,也没有把首饰退还。商家直接找上了大学,于是开始了冗长的处理程序。校方没有给 D. 提供援助,反而让他在没完没了的审问里被逼到无路可走,最后院方决定牺牲他——唯一的原因是,那位指控他的商人是个有名的纳粹,他威胁如果大学不解除 D. 的教职,就要向党报告此事。事情还不止此:D. 的政治见解十分自由与民主,而且他开的课极受欢迎,很令他的敌人感到忌妒;同时这些敌人也借由此事攻击

D. 的老师哈曼（Hamann），因为哈曼独立不群的行事风格也令他们不痛快。校方于是表面上用"进修"的名义让 D. 休长假，实际上是把他永远开除，D. 的精神生活与物质存在的基础便这样被夺去了。大学就此失去了一位最好的教师，很少人像他一样精通德国的艺术杰作，又懂得如何在学术上把这些作品生动地介绍出来。他全部的生活都在工作里，对自己的讲座课与导览活动，都是全力以赴，毫无保留。他从来不考虑自己，对人与事总是乐意看到好的一面——跟我另一位朋友正好相反，F. 节俭的生活艺术主要的内涵就是不浪费自己丝毫的力气。D. 的牺牲，是道德愤慨的庸俗群众的胜利，也是学院懦弱面的胜利。一年以后 D. 给我写了一封道谢的信（我也参与了交涉的过程），信里有一部分是跟德国政变有关的，我就把这一段附在这里：

> 我非常关注"国家的崛起"[1] 的诸多事件；我无法不管这些，也很受其折磨。在您面前，我无须浪费口舌，您知道我对这些事的想法。我被排除于学院之外，变成了失业者，这件事或许给我带来一个好处，让我没能体会到我们国家好心的保护监禁[2] 的滋味，尽管我颇有这样的风险，特别是在犹太人被迫害最严重的那段日子里。如果这种血缘与种族的癫

---

1 国家的崛起（Aufbruch der Nation），纳粹宣传口号之一。
2 集权制政府常有的警察权力，允许警察以"保护国家与人民"的名义逮捕特定人士。

狂只不过是愚蠢而已，那我们还可以把它当作这新时代精神的症状，饶富趣味地加以观察——但是这竟到了这种程度。然而对您这样一位每日不得不亲身遭受那种超乎想象的卑鄙行为和言语辱骂的人，这些话我不愿多说，而且这些话，也跟每日在我心里肆虐的愤怒与鄙视不成比例。我也无法忍受他们用那种无耻讪笑的姿态在那里撒谎、欺诈、污蔑与损害正义。我内心震动着，感到羞耻，因为他们的无耻讪笑是以德国之名而进行的，因而侮辱了身为德国人的我。我就是不够沉稳，不适合就这样袖手旁观、接受这种戏码。此外，因"风俗道德的更新"而最受其苦的，正好都是我最亲近的人，以及那些我认为最有价值的人。或许我作为一个史学家会感到自满，因为看到自己从前准确描述过的"反动"现象，就在眼前以一种几乎骇人听闻的方式展开。作为史学家，我还了解这类事件发生之"必然"；甚至了解，正是这反动，一定会带来违反其本意的新状态。但是知道这些并不能带来安慰，就像知道老生常谈如"月缺之后也会月圆，一切不会永远保持现在这种状况"一样没有帮助。我们都知道，当前的一切会按照这态势继续发展下去，历史也会继续舒展它恶魔的身影，但是我硬是不能理解那种小中产市民心态的乐观主义："这些只不过是冲过头""一切都会回到秩序来"；就连 H. 这样的人也充满这种心态，J. 大概也是，但模式很不一样。我完完全全不能了解的是，一个有历史思考的人怎么说得出这种话，以为一切事物都会回到秩序，仿佛存在一种舒适的正常状态，而且这个世界有义务一次又一次地回到这状态里似的。可是实际上一切都是人为的，这些个别的人，他们一次又一次成功地爬上由他人的尸体堆成的山丘，在上面舒适地安居下来。他们完全知道自己在做什么，也得到了物质上的报酬。我尽一切可能，让我的观察不要带有那种由于参与感而必然出现的错觉。不是有一种"冷眼看世界"（sperne mundum）的态度吗？无须苦修，就可以带着极大的关注来旁观。许多令人反胃的、在马尔堡肯定算是俗烂不堪的事情，在一个像汉堡这样的城市却是很值得观察的。比如说，这小中产市民本位的胜利是以何种形式进行，普罗阶层又是用何种形式来曲解现实。最奇特的是观察到，有些经验能让一个人意识到自己与时代的关系。我相信，在这里，一个像你一样比较思考型的人，跟一个像我这样比较行动主义、有宣扬热忱的人，两者之间的差别会减少许多——因为一个拒绝反动的人在一个反动的时代里，不仅只是在外在条件下无力可施。只有一个真正独立的、天赋异禀，并且能完全超脱出来的人，或许才有可能做出一点成绩来反对这个时代。如果不是这样的人，而是像我这样，那就会被迫去扮演一个他本来无须承担的责任：维护传统。

政变前夕

　　我要回到政变之前不久的一段时间，以便补充一些具有代表性的细节。1932年年初，雅斯贝尔斯的小书《当前的精神处境》（ *Die geistige Situation der Zeit* ）作为戈森书系[1]的第一千种图书出版了。购买、阅读、讨论这本书的人都很多，但仅仅一年之后这本书就变成历史文件了。雅斯贝尔斯这份对当代的分析出现的时机很巧，意思是说，再过不久，这种对各式各样"可能性"的省思所打出来的地基，就会被一个近在眼前的现实给拆解了。雅斯贝尔斯对危机的分析是机智而灵活的，他在这危机里找到一种美德，一种"真正的失败"的美德。对于"什么才是真实的"这样的问题，他的回答是："对危险与损失的意识。""真实"（ das Wahre ）在"已经丧失而且无法挽回者"之内发光，实体（ die Substanz ）在无计可施的窘境里发光，现实（ die Wirklichkeit ）在伪装的面具里发光。谁要是想回头找到根源，就必须走过这

　　1　戈森书系（Goeschensammlung），柏林德古特（de Gruyter）出版社出版的学术普及书系。

无计可施的窘境，才能够来到一个可以决定自己的地方。哲学因此只能（而且只准）把人带领到某个境地，到达这里之后，人就必须以个体的身份自立自强——假如人们希望继续不愧人类之名，而不只是当一个机械控制的此在器具（Daseinsapparat）的话。雅斯贝尔斯在讨论个别的人能做哪些"可能的"决定时，否定了所有摆在眼前的选项，比如说他既不相信民族主义论述下的"人民"，也不相信民主思想里的"大众"；既不相信阶级，也不相信种族有何高尚之处，但是或许相信一种"做自己"的高贵精神，也就是说，相信"根本意义"上的人类——相信"人类向上提升的可能性"！雅斯贝尔斯就是这样驳斥一切蜂拥而来的"如不这样，就得那样"以及"既要这样，也得那样"，从容地立于制高点，用"既不这样，也不那样"的形式思考着哲学。一切既存的现实，都被他的"存在"概念所"超越"，以便来到一种"哲学的生活"里——这样的生活不在任何地方，但也无所不在。他的思考将一切"囊括"在内，但是并不紧抓任何事物。实际上，不久以后希特勒以不那么明智的方式决定了当前的局势，而那些"个别的人"也就退回他们家中的四壁之内了。但就算在这样的时候，雅斯贝尔斯也还是认为，我们能够也必须像水晶球一样，不管经历什么样的局面，都毫不动摇地维持自我。

希特勒进行宣传之旅时，飞遍了整个德国，也来过马尔堡。跟一般的作法一样，他演讲的棚子也不准犹太人进入。大多数较年长的教师都留在家里。我请 F. 告诉我他对希特勒的印象，他以他奥地利人的表达方式说，虽然希特勒铁定不会是未来的领袖（这个字眼在他口里有一种格奥尔格式的味道），但或许是一个"有魔力的笨瓜"，足以号召群众起来行动，直到真正的统治者到来为止。其他的同事一部分觉得不安，一部分感到失望，在我遇过的人当中，没有一个是真正相信希特勒的。我的房东是一个在一战中受过伤的小市民，他的选择是鲁登道夫；许多人则三缄其口，不表达自己真正的意见，因为局势尚未明朗，还不知道希特勒能不能赢得这场比赛。但有一点是确定的：德国的知识分子真是笨得可以，以至于错估了局势的严重性。在信奉天主教的巴伐利亚邦，民意对希特勒党的厌恶是如此强烈，这让我认真考虑，必要时把我的就职资格转到慕尼黑去。我向哲学院里一位跟我颇有来往的成员打听这方面的消息，他给我十分确信的答复：必要的时候，过来就对了。他的理由是，巴伐利亚邦绝不可能跟这些"普鲁士"疯子搅和在一起！确实，巴伐利亚邦脱离帝国而跟奥地利合并的想法，自从一战结束以来，就没有从南德人的心思与头脑里消失。不过这并没有扭转巴伐利亚邦的命运：一夜之间这个邦就有了一位纳粹邦长，从此也就比从前更紧密地跟帝国联结起来。

在 1932—1933 年的寒假里——这是最后一个非雅利安人也可以住进德国旅馆的假期，我们夫妇跟物理学家 T. 一起到阿尔山（Alberg）去滑雪。他是捷克裔，第一任太太是犹太人；第二任则是一位俄国移民，清新而不做作，喜爱运动且教养良好。他们在正式结婚之前便已同居，丝毫不理会同事们难看的表情。

以马尔堡大学的情况来说，他们的生活格调十分摩登，几乎像是在挑衅了。他们也有一辆自己的车子，这给他们所希望的移动自由。他太太在婚前就已经通过飞行执照的考试，但并没有因为对运动的强烈兴致而减损了女性的妩媚。他们两个都是"很行"的那种人——既懒散享乐，又活跃能做事，在他们身边真可以舒服地松一口气，不然我们真要被哲学院里沉闷的空气给搞窒息了。我们那时跟他们在莱希（Lech）的一间农场屋子里，愉快地住了两个星期之久，同时德国正为了希特勒的最后一场选战而杀声震天。因为莱希在奥地利境内，所以就有人安排了游览车，让德国的度假游客搭乘到边境上，以便加入投票的行列。我们跟 T. 夫妇一样，完全不想为政治牺牲时间——连一个小时也不愿意。我们去滑了雪，还拿少数搭车去投票的德国人来开玩笑。几个星期之后，我在马尔堡听到消息，T. 很积极地到党里去效力了。从那时起他避免跟我们的一切来往，只有他太太还来看过我们一次，局势的转变以及对我产生的后果，对她似乎造成某种程度的震撼。T. 本人则从这时起，就像他的老师莱纳德（Lenard）那样，在演讲与文章里大力宣扬雅利安人的立场。他说犹太物理学跟犹太数学必须加以清除，因为那种思维方法跟德国的方法有所冲突。T. 确实有特别的理由强调他的德国属性——尤其是作为一个捷克人，又是跟一位俄国人结婚。我在离开马尔堡之前，不曾再跟他说过话。他之所以这样迅速地"投效党"，一部分是因为他努力争取教授职位已经好几年，后来也真的在德累斯顿（Dresden）得到了；另一部分的原因，则是他有一种科技主义的世界观，这一点是恩斯特·容格尔给他提供了精神鼓励。纳粹吸引他的地方，既不是国家思维，也不是社会思想，而是这样一种想法：通过政治运用一切科技的可能性，以便将生活进行彻底的理性化。他作为物理学家，兴趣就在这样的科技可能性之上，也是出于这同一个想法，让他对俄国革命颇为倾心。

1933 年的"振兴"与我在马尔堡的最后一次演讲

德国的"振兴",一开始在马尔堡大学的表现形式,就像在各地方一样,是许多人遭到解雇,以及犹太人被迫害。医学中心的一位犹太裔助理,在冲锋队成员的强迫下,在身上挂了一块写着"我玷污了一位德国女孩"的牌子,从城的一端走到另一端,冲锋队的人则在后面驱赶他。街上的行人看到这一幕,一半带着好奇,一半觉得羞耻,全都让到街道的另一边去。我自己并没有亲眼看到这件事,但是拿到了一张照片,上面有这样的场景。这就是德国人的道德勇气——而且这之所以不是德语词汇,是因为德国并没有这样的东西。[1] 我的房东仍维持他的礼貌与谦虚,因为他尊敬我是上过战场、受过伤的人。有几位年老的教授来拜访我,告诉我他们感同身受。有一个老实平庸的神学教授是如此的天真,以至于他一直弄不清楚到底我和我

1　道德勇气(Zivilcourage)这个词虽然为德语所独有,但是并不是德语词根,也不是德语本有的词,而是俾斯麦在 1864 年所造的词。

太太谁才是异族分子。他到 1933 年为止一直担任一份极左的基督教马克思主义路线的杂志主编，因此他很害怕会为此而丢掉教职。1935 年，他终于做出了选择，站到了纳粹主义一边，并对外强调支持纳粹主义。于是，对他来说"无产阶级"对他来说变成了"民族"。他于 1936 年出版的书《政治的福音伦理学》（ *Evangelische Ethik des Politischen* ）也改成以施米特的集权国家理论——一个他从前一直愤怒地批判着的理论——为基础。我身边较年轻的同事或多或少感到很为难，因为他们声称自己反对纳粹，却丝毫没有积极的作为。只有在雅利安人条款（ Arier Paragraph ）被强加于新教神学家头上时，才终于出现了坚定的、匆忙中决定的抵抗。可是过不多久，这由外部压力形成的抵抗单位也被击破了。某次我在教师研究室，听到两位神学教授的对话，A. 说："雅利安人条款从基督教的立场来说完全说不过去。"B. 说："怎么不呢？在纽约的黑人不也享受不到和美国人一样的权利吗？"有一部分人加入了"德意志基督徒"运动[1]，另一部分人巧妙地以各种妥协的方式来应付局面，只有布尔特曼与佐登[2]没有动摇，继续坚守宣信会[3]的立场。德国的神学教授里拒绝对希特勒宣誓效忠的，就我所知，只有卡尔·巴

---

1 纳粹势力自 1933 年起用来统战新教教会的运动，于当年七月的教会选举中几乎攻陷全国新教团体。该运动主张雅利安人条款，以及废除旧约圣经。

2 汉斯·冯·佐登（ Hans von Soden, 1881—1945 ），德国新教神学家和教会史学家。

3 宣信会（ Bekennende Kirche ），1934 年起在新教内兴起的运动，以与德意志基督徒抗衡。

特一人——他是一个瑞士人。各个学院的教授纵有反对将他们的犹太同事解聘者，这样的抗议也从未公开进行过，只有柏林大学校长科尔劳施[1]、心理学家柯勒[2]以及哲学家兼教育学家施普兰格尔敢于公开发表一份反对声明。他们的反对声明特别针对"一般德国学生会"的一份呼吁《打倒非德国精神》（*Wider den undeutschen Geist*）而作；学生会的呼吁包含了下列几点主张："……第四，我们最危险的死对头是犹太人，以及那些听从犹太人的人。第五，犹太人只能进行犹太思考。如果他写的是德文，那就是在撒谎……第六，我们要扫除这种谎言，我们要把这种背叛烙上印记，我们要为学生争取的不是一个思想空洞的场所，而是一个培养纪律与政治教育的园地。第七，我们要注意犹太人是外人，我们要认真面对我们的民族属性。因此我们要求实施检查措施——犹太作品必须以希伯来文出版；如果用德文出版，必须标明这是翻译。……德语只供德国人使用。我们必须把非德国的精神从公共图书馆里清除干净。……第十，我们要求德国学生拿出意志与能力来，克服犹太的智性主义，也克服与此相连的、在德国精神领域里出现的自由之沉沦现象。第十一，我们要求学生与教授必须经过筛选，以德国精神的思想安全为标准。"这份呼吁里唯一前后不一致的是，他们仍然

1　爱德华·科尔劳施（Eduard Kohlrausch, 1874—1948），德国著名法学家、刑法学者。

2　沃尔夫冈·柯勒（Wolfgang Köhler, 1887—1967），德国著名心理学家，格式塔心理学创始人之一，1935 年流亡美国。

将犹太人当成外人加以"重视"[1]。这一份呼吁也张贴在马尔堡大学里,校内除我以外还有四名犹太教师,但没有一位雅利安的同事想到,或有勇气把这份呼吁给拿掉,反正这并不牵涉他们。当我请 K. 转告教师团的领导,他应该安排一下,把这呼吁的海报除掉时,得到这样的回答:"我们最好还是不要管它,因为以目前的状况来看,这可能会使学生更加骚动。"大家普遍的反应是静静等待,看事情会如何发展,并避免表明自己的立场。而且每个人也都有自己烦恼的事情,因为几乎没有谁已经入了党,所以各自都觉得颇为不安。因此这"一体化"的工作便自动完成了,而且是如此成功,差一点连犹太裔的教授也得在大学的庆典上跟着合唱《威塞尔之歌》[2]!

有一位年轻而苍白、带有强烈精神病气质的青年,曾经听过我的讲座课,现在忽然摇身一变,成为所有系学会的"领导"。我们于希特勒掌权后首次举行的教师会议,就是由他担任主席,他臂上还佩戴着纳粹十字党章。坐在他旁边的是新任教师团领导,后者因为入党的年资还不如那青年,表现得很谦虚。会议的议程以军事化的效率快速处理完毕,结束的时候,有人要求我们所有教师加入成立不久的纳粹教师联盟。一张表格在众人之间传递,大家一个接着一个在上面签字表明加入,直到有一

1　"注意"与"重视"原文中是同一个词:achten。

2　一首称颂纳粹党员霍斯特·威塞尔(Horst Wessel, 1907—1930)的歌。威塞尔 19 岁加入纳粹党,22 岁任冲锋队队长,23 岁遇刺身亡。他死后被塑造成纳粹的殉道者,这首歌也几乎成为纳粹德国的第二国歌。

位神学家怯生生地举了手，斗胆地提了一个问题，问在签字之前是否可以看一下这新的教师联盟的组织章程，以便了解自己加入了什么组织。我们这位领导先是略显尴尬，接着表示抱歉，他还没有从柏林收到这份章程，因此目前他自己也还不知道内容。于是有些人感到犹豫，不再继续签字。同样是这批人，一个月前还在为了许多鸡毛蒜皮的小事，僵持讨论几个钟头才达成协议。此外，几个星期以后，文化部部长下达了一道命令，规定大学教员不得加入上述的教师联盟，若有已经加入者，必须立刻退出！可悲的是校内对这政治的"世界观"普遍的谄媚与靠拢。新学期的课程表上挤满了与"国家"一词沾上边的课程：《物理学与国家》《艺术与国家》《哲学与政治》《柏拉图与纳粹》等。结果是，到了下个学期，部长寄了一封信来，明令禁止教师们继续开与政治有关的课程，除非他们专业内原本就有这样的研究对象。两年之后，这种倾向发展得如此严重，使得部长因考虑到学生惨不忍睹的考试成绩，公开宣布他不会再容忍泛政治化的教授。"贴近民众"的学术所生产的结果，却引起了反政治化的要求，而且还是基于政治的考量；而极权的国家也矛盾地转过头来，支持人文精神领域里的政治中立！早在1933年瓜尔迪尼到马尔堡作一场关于帕斯卡尔的演讲时，因为他从头到尾没有只字提到当前的局势，我们便有了一种真正的解放感；不过这演讲并不能免于受到批评。信奉纳粹主义的心理学家彦许——此时已完成德意志精神之"对立典型"的学术发现——听完演讲极为激愤，并且宣称，大学在当前的时刻让一名"异国的"学者（瓜尔迪尼是意大利裔）来做一场关于一个法国人的演讲，实在是一桩丑闻。

一开始，各单位发出的命令，公文满天飞舞又相互抵触。在这样的大混乱里，新任的教师团领导也禁止我继续我的讲座课。我并没有就此屈服，反而立即前往柏林，通过一位当时在文化部里任职的老战友，得到了协商此事的机会。负责接见我的先生建议我不要理会新任领导的禁令，继续讲课。当时，我预计自己重新开始讲课时，大概会有火爆难看的场面，然而这样的事却没有发生。没过多久，那位教师团领导就来向我道贺，恭喜我已经得到美国大学的"聘请"。然而这只是个谣言。不断有人散布这谣言，而且之所以会产生这种谣言，在当时的情势下是很正常的。目的自然在于用一种愉快的方式把碍眼的石头搬开，让那些安全无虞、已有地位的人减轻良心的负担：这个犹太人在别的地方已有着落，我们算是摆脱他了。

在与我交好的教授里最早被解聘的一位，是罗曼语学者施皮策[1]；贝内代托·克罗齐曾把一本论歌德的书献给他，以纪念此事。施皮策是维也纳的犹太人，以极大的热诚将自己奉献于教学研究之中，学者的声誉远及于德国之外。1933年4月他写信给我："我跟您一样，仍然认为德国对一位在教学中学习的人而言，是最美好的国家。然而我也已为人父，因此只能一面内

_____

1　莱奥·施皮策（Leo Spitzer，1887—1960），奥地利裔罗曼语语言文学学者、语言学家和多产的文学评论家，以强调文体学著称，被广泛认为是比较文学的奠基人物之一。1933年前往伊斯坦布尔，1936年流亡美国，终生没再回来。

心淌血一面考虑，无辜的孩子们在这里可能没有机会接受更高的教育。目前发生在我们眼前的，是一个布尔什维克式的粗糙简化。这简化有个小资产阶级（kleinbürgerlich）与浪漫想象的基础，同时也是中产阶级（Mittelstand）的布尔什维主义[1]的德国形式。应该最严厉谴责的，是所有地位稳固者那种布尔乔亚[2]的富裕自保——这种姿态在这些日子里特别地鲜明，因为他们当中一个殉道者的影子也没有。在这些'他者'里，没人讲过一句异议的话。当然我也自问，我能不能，或者该不该做点殉道者般的牺牲，但是现在是轮到那些'他者'表现的时候。我最近去听了一次《马太受难曲》，这部作品很有时代意义，特别是当它描述受迫害者孤立无援的时候。我说这些话，并不是要否认，这里跟其他地方一样也有一些善良的、有同情心的人。但是在我们这里，在安全无虞者与岌岌可危者之间，仍然笼罩着一片根本的缺乏理解与漠不关心；安全无虞者除了打听一点消息之外别无作为，岌岌可危者则卧倒在血泊之中。"然而也有其他的犹太教授试着跟这些运动保持距离，他们在关键的时刻上并不知道自己该属于哪一边，因为他们对德国文化与犹太文化的归属感是同样的薄弱。反犹者与锡安主义者对德国化了的犹太人所做的谴责，指其"穿上了保护色"，实际上很适合这些人，但是也只适合于这些人。不过两个指责的阵营都毫不

1　此处拿来与纳粹革命相比，比较点可能在于运动的方式，而非政治内涵。

2　即富裕的中产市民阶层，或者照马克思的说法，是资本主义社会里握有生产工具的资产阶级，具有贬义。

考虑一个可能性，而这一可能性对我来说，或者就本质而言，却是最具决定性的——一个人可以是德国人而同时也是犹太人，即便此刻其他德国人的举止使他无法与他们并肩而行，甚至老远就得避开。其实施皮策也早就不是坚信不疑的犹太人了，但是他知道他必须站在哪一边，也很正确地将他的状态描述为"一种在危急时刻中所生的返祖的团结情感"。他也从一开始就准确地认清了德国犹太人真正的处境，早在1933年，他就对我们这些仍保有教职的人作了预告，说我们不过只是"晚一点"才会被对付的人，很快也会步入最先被迫害者的后尘。而且多数人（包括我在内）还会继续误解局面许多年，以为这反犹太人的手段终究会缓和下来。一位性情温厚的同事1935年在罗马还对我说："最多再等一年，他们就会重新请您回去了。"同事T.的信上，也写了类似的话："我很高兴您没有屈服，也坚守您的工作岗位，您坚持留在德国大学的决定是正确的，有一天大家又会明白过来的。"

施皮策转到伊斯坦布尔任教之后，就试着在那里帮我找一个兼职讲师的位置，但是我自己颇为顾虑在未受胁迫的情况下离开马尔堡，可能是不智的。早在希特勒掌权以前，我就已经得到洛克菲勒基金会的德国委员会推荐，获得一份到意大利进修的奖学金。原本我1933年就必须动身前往的，在政变之后，一切的状况都无法确定，这使得我决定等到1934年年初再动身，海德格尔也劝我延期进修，以免让人产生一种印象，以为我会自愿放弃在德国的职位。

早在这段还在马尔堡的等待时间里，我与朋友间的来往就逐渐困难了起来，因为许多恶劣的、难以如实面对的处境都无从避免，给我的人际关系带来很大的负担。一方面，只被允许在大学的角落里活动，是令人无法忍受的；而另一方面，看到自己像一个病患似的受到别人特殊的"对待"，甚至自己必须考虑，去拜访雅利安的朋友时，会不会碰到一个"他者"，并因而使他的雅利安朋友陷于难堪，这同样使人不能忍受。然而我绝大多数的学生还是忠实地来听我讲课，有时在与人的交谈里也显示出，我并非如表面上那样孤立无援。在那时，德国境内就已经形成了一种内心的流亡，国家的极权统治把人们关入了自己私下的生活里，而在私下生活里的人们则敢于作更明白的表达。最后一个暑假，我们到库尔沙丘带[1]上的尼登（Nidden）（属于立陶宛）度假，因为犹太人在德国境内的海水浴场被禁止入场的风险很高。一位柯尼斯堡[2]来的犹太裔医生，一起乘车时与我们聊了起来。他试着在尼登找回自己内心的平衡，这场政变带给他很严重的打击，因为他成年的儿子们向来都认同自己是德国人，若不是因为种族上的藩篱，他们一定会加入纳粹党的。千千万万的人以及人际关系就这样被毁灭或打断了；报纸上每天列出的自杀者名单都是长长一串。

1　库尔沙丘带（Kurische Nehrung）位于波罗的海沿岸，长 98 千米，宽不到 4 千米，最高达 70 米的一条狭长沙丘，与海岸的两个联结处分属立陶宛与俄罗斯。

2　柯尼斯堡（Königsberg），即今天的加里宁格勒，康德的故乡。原属德国，现在是俄罗斯的一个州。

我讲课的情况虽然还过得去，但已不能掩盖一个事实：我关于尼采的讲座课以光彩开端，却在阴惨的氛围中结束，前后之间有一道明显的裂痕。人们不再把我看作年轻的教师、学院新秀的中坚，而只是一个因为参加过战争，所以仍被容忍的非雅利安人。这样一个非雅利安人，却站在冲锋队学生面前讲课，于是课堂的气氛里有一种无法跨越的隔阂。在这种连呼吸也困难的气氛里，我必须继续苦撑两个学期，继续用"我还在这里"的事实，去给那些已被一体化了的"他者"一些冲击。我有意地选择尼采作主题，因为在我眼里，他正是当前时代的试金石；我们这个时代很大成分是通过他来解释自己的。我要让学生明白，尼采为当代德国铺了路，却同时是当代德国最犀利的否定者：尼采是"纳粹"或者"文化布尔什维克主义者"，就看你怎么运用他。不过，面对这种符合或者不符合潮流的尼采理解方式，我试着把永恒概念当成他哲学思想的核心来加以确立。因为有预感这将是我在德国最后一次的讲座课，因此在这堂课上我冒了一个险，直接地谈到种族问题，也对我个人所采取的立场作了交代。我结束这堂课时说了一个愿望：我希望大家在我这里学到一件事，那就是一个人并不非得是"雅利安人"才能有尊严地在这里教书；重点并不在于他是什么，而在于他是谁。说完时，我不仅获得了满堂喝彩，也实现了一种更为严肃的效果；这不仅对我个人来说，也对我作为一个被排斥群体的代表人物来说，是至为重要的。也许我之所以决定冒这个险，完全是出自一个愿望：希望为我的父亲挽回一点尊严。由于他死得够早，才没有遭受这种不允许他当一名德国人的折磨。讲课结束后党卫队学生 K. 来向我告别，而博希威茨（Boschwitz）送我一幅漂亮的梵高的素描。这两位学生分别是犹太人与德国人，因为一起来听我讲课，于是有所接触，也在两小时课中间的休息时间里，站在走廊上和气地交换想法，这让我感到很欣慰。从外表上来看他们是很引人注目的一对：博希威茨的肤色略黄，有深色的眼睛与黑色的头发；而 K. 的肤色粉红，眼睛是浅色的，还带一头金发。

1934—1936

告别马尔堡

在我出发的前一天晚上，神学家布尔特曼邀请我跟与我最亲近的同事（伽达默尔、克吕格尔与弗兰克）到家中用晚餐，以便跟我告别。多么有意思，唯一宴请一名被赶出门外的犹太人的，是新教基督教的代表人物，而且这个犹太人还曾多次在演讲里对神学系的学生描绘过基督教的衰亡！其他相识与相熟的朋友如亨德利（Haendly）、德布尔、布里纳（Britner）与雅各布斯塔尔，在这之前都已经跟我们告过别了。离开克希海纳街的住处并不使我们伤感；经历了一年的纳粹统治之后，这样的割舍已是理所当然的事了。次日早上我先到慕尼黑母亲那边，然后从那儿继续前往罗马，我们一时之间还留在马尔堡的行李，由我太太负责打包，两个我最喜欢的学生 B. 与 M. 前来帮忙。半夜在施泰因斯坦（Kufstein）的边界检查站上，我被一位德国官员请出车厢。他们命令我带着行李进入检查站的房子，把我每一个口袋都翻过来，还做全身检查，只差没叫我把衬衫脱下来。我比规定上许可的数字还多带了几百块意大利里拉，但是这笔钱没被他们查到；这些钱被我留在乘客车厢地板上的一个

伽达默尔，1939 年

香烟盒里。我从这德国的外汇法律中又学到了一点新东西，只可惜没有更多的钱，可以让我好好骗骗这个国家。

在罗马的格利果里街（Via Gregoriana）一位人很好的女士家里，我租到一间漂亮的房间，而且拜洛克菲勒基金会之赐，从此开始了一段自由的生活。我首先做的，是把我的尼采研究以及上一次开的施米特《政治的理念》（*Begriff des Politischen*）的讨论课研究整理出来。这本尼采研究，在省略掉一点内容之后，得以在德国出版，而那一篇对施米特的批评，我则用假名发表在一份国际性的期刊上。

意大利人与德国人

意大利的政治，在那个时候还没有卡死在轴心国里面，恰恰相反，墨索里尼正跟奥地利联手，一同抗拒与德国结合，因此德国来的流亡者都顺利地受到接纳，或者至少不会遇到特别的刁难。法西斯主义与纳粹的亲缘关系是有限度的，它们从来不曾在生活与思想方式的根源层次上真正达到一致。尽管两个国家都盛行一种如穿制服般统一的小资产阶级习气（Kleinbürgertum），上面叫他们说什么，他们就热切地照着喊。墨索里尼有一次为他的独裁权力辩护说，人们"厌倦自由"，因此如果有人命令他们该做什么事，他们会因此感到高兴。像墨索里尼所说的这样直指真相的话，有谁能从希特勒的口中听到？但是在德国，大学教授与记者们却发现，"真正的"自由就是强迫。这两个民族的个性差别多么大啊！德国人把纳粹当成一种教条，从骨子里对它严肃看待；意大利人则把他们的法西斯主义当成一种达到目的的手段，但是他们本身，作为独立的个人，是不会让任何东西吓倒的。德国人拘泥于细节，也不懂宽容，因为他们看待事物的方式一直都以原则为标准，而且事情与人对他来说是两回事；意大利人就算穿上黑色制服也仍然是人性的，因为他们对人类的弱点天生就具有一种了解。他们基本上是怀疑论者，不会把生活里的事情看得比这些事情本身还严重。德国人一句斩钉截铁的话拿到意大利来，对应的会是一句轻松的"谁知道呢？"（chi lo sa?）；意大利的"和蔼"（gentilezza）在德国对应的是一种不和蔼的优秀与能干，这种品质只能赢得尊敬，可是不会带来朋友。如果你问："你好吗？"德国人会回答："好极了！"意大利人则说："还不坏啦！"对一般的意大利人来说，法西斯主义的选战口号"信仰，服从，战斗"只是一个修辞的口令，笑一笑就不会放心上了；对德国人来说，希特勒所说的"我的意志就是你们的信仰"，则是一句意义深邃、必须以义务视之的命令，然后再通过博学的德语学者的帮助，把这命令诠释成为"追随""忠诚"与"准备牺牲"。意大利人从经验中认识世界，德国人则事先给自己准备一个"世界观"。德国的美德很容易招致怨恨，意大利人的"狡猾"（furberia）则甚至可以赢得被欺骗者的心。在那不勒斯港口的一个行李搬运工，用最诚实的表情跟我要行情的三倍价，我跟他抗议，他就辩称："先生，您弄错了啦，您不要以为我们还是从前的那些'贼'，自从墨索里尼上台后，我们可是'很有纪律的'！"当然，他就这样骗到了我。意大利领袖喜欢听人说话，德国领袖的"文化演讲"一讲就是几小时。在希特勒1934 年到威尼斯拜访失利之后，一位水手向我描绘了他们的领袖与我们的领袖，描述之传神实是无以复加："我们这个可是一直摆着漂亮的姿势，你们那个却老顶着一张扭曲又死硬的脸！"

我在罗马认识了许多意大利人，从国会议员真蒂莱[1]到我的女房东坎德莉（Candeli）；这些人从社会地位来看自然差别很大，但却无不从头到脚透露着一种天生的"人性"气息。这种人性的气息比较能配合嘲弄或怀疑的性格，却不能与标准严格的准确度与傲慢和平共处——后者正是常让意大利人受不了德国人的原因。意大利人也许是不可靠又不忠诚的，但是他们一直都在扮演他们自己；而德国人却总是在扮演一点别的什么：一个职位、一个头衔、一种世界观或者其他东西。我到罗马时，最多人阅读的是一本莫拉维亚的小说《冷漠的人》[2]。就在那时，我在一份美国报纸上读到了一个最新的罗马民间笑话，主题是跟一条街道电车路线有关，即所谓的"循环电车"（Circolare）。这条路线从虔诚大门（Porta Pia）出发，法西斯党的游行就穿过这座大门，然后经过人民广场（Piazza del Popolo）与正义广场（Piazza della Giustizia），来到自由广场（Piazza della Libertà），路经一座教堂，教堂正面是一个张着嘴的面具"真理之嘴"（Bocca della Verità），最后来到终点站古罗马广场。这个笑话把这些车站拿来描绘法西斯主义的发展过程："从虔诚大门开始，走向人民，把正义置于背后，切掉自由，关上真理

1　乔瓦尼·真蒂莱（Giovanni Gentile, 1875—1944），意大利哲学家、政治家，亲法西斯，曾任教育部部长。1944 年遭谋杀。

2　阿尔贝托·莫拉维亚（Alberto Moravia, 1907—1990），20 世纪最具影响力的意大利作家之一，代表作《冷漠的人》（*Gli indifferenti*, 1929）。

之嘴，最后在一堆废墟里结束。"墨索里尼发表帝国宣示[1]后的第二天，我与安东尼见面。他只简短地说，这并不代表什么，因为埃塞俄比亚以前就有皇帝（Negus），"现在不过是这埃塞俄比亚皇帝的头衔换个人来顶而已"。

这种面对自己时始终能保持的自由，也有另外一面，那就是一种带着良心的投机心态，然而这投机心态跟德国的一体化是很不一样的。意德文化中心主任嘉贝提（Cabetti）的做法，就是这种见风使舵的典型例子：他能毫无顾虑地追随意大利对德关系的政策的一切摇摆——1934年，他仍然让犹太流亡者沃尔夫凯勒主讲对格奥尔格的纪念演讲，可是到了1936年，他就避免邀请文学史家科默雷尔（Kommerell），只因为他知道这位先生不受德国的党欢迎。从那时候开始，他就偏向邀请旗号鲜明的纳粹教授们来演讲，比如豪斯霍费尔[2]、海德格尔、海斯、诺曼以及施米特。他主持这个文化中心的原则很简单：为了要维持运转，把国家拨下来的预算开销出去，所以每学期都必须请几个"大咖"（pezzi grossi）来演讲。这样做自动产生的结果，就是对方也会回头邀请他们，也就会给主任带来好处。但是基

1　墨索里尼于1935—1936年入侵埃塞俄比亚，1936年夺下之后，即宣告埃塞俄比亚从此属于罗马帝国（即意大利）。

2　卡尔·豪斯霍费尔（Karl Haushofer, 1869—1946），德国知名的纳粹地理政治学者。其"生存空间"论成为纳粹扩张政策的理论基础。其子阿尔布雷希特（Albrecht Haushofer, 1903—1944）也是地理学者，然而属于反抗团体，1944年希特勒遇刺事件后遭到枪决。豪斯霍费尔受此案牵连，全家被纳粹送入集中营。战后他被联军指责必须为纳粹侵略负责，于1946年自杀身亡。

本上他十分了解这些帝国的教授们是怎么一回事。他私底下会嘲讽地说：德国的学术界快要被卖光了，很快就找不到人来供他"运转"了。

真蒂莱在意大利并吞埃塞俄比亚之后，发表了很有意思的谈话。他推演了一套意大利帝国主义的哲学，把马基亚维利、马志尼[1]与墨索里尼丢在一个法西斯主义的大锅菜里。他在演讲里忽然指出，法西斯主义从来就没有别的目标，它的目标从来就是要将埃塞俄比亚纳入帝国之内，而这些话竟是出于同一位议员之口——不过就在半年前，我到大理石堡[2]拜访这位先生的时候，他还曾经毫不掩饰地说过，他坚决反对这场埃塞俄比亚战争，他从心底诅咒这整个计划，因为把英国变成敌人无异于疯狂。[3]可是当战争胜利之后，他就开始满脸发光，带着笑容用起"我们"这样的字眼（"埃塞俄比亚是我们夺下来的"），尽管他或者他的儿子们完全没有参与这场战争。在我走出演讲厅时，嘉贝提问我对这场演讲有什么意见。我告诉他，我觉得真蒂莱这场演讲是不能当真的，因为他表面上刷的这层历史哲学的油漆，只能被理解为一种事后的自圆其说，战争的胜利一旦成为事实，大学问也跟过来了。嘉贝提听了很生气，恼怒地回答我："您提这些学术的怀疑论调到底想干什么？用怀疑主义

1　朱塞佩·马志尼（Guiseppe Mazzini, 1805—1872），意大利民族解放运动领袖，意大利建国三杰之一。

2　大理石堡（Forte dei Marmi），意大利托斯卡尼海边的一个小城，度假胜地。

3　英国 19 世纪时曾殖民埃塞俄比亚，此时是对埃塞俄比亚友善的国家。

什么事都会没完没了。"不过这些人的投机主义并不至于让人无法忍受，因为他们并不讲假话蒙骗自己。

也只有在意大利，像克罗齐这样一号人物才有可能直到现在仍继续出版他的《批判》月刊[1]，每月在上面公开发表那些别人只敢放在心里的意见。1939 年 7 月 20 日的这一期里，有一篇文章《伦理国家的结束》（*La Fine dello Stato Etico*）就是冲着真蒂莱来的。里面说："在法西斯国家理论出现了 15 年之后的今天，谁要是仔细做过观察，就能肯定地说，这个所谓的'伦理国家'已经饶了我们，不再用它'古怪的形象'来整我们了。它走自己的路去了，大概是要让其他更容易随便相信的民族感到幸福。""15 年前，我听一位意大利教授的演讲，这位先生如烈火情人般，以但丁的态势表达着对国家与政府的信仰；他以斗大的拳头敲打着桌面，神明附身似的喊着，大声地说'国家就是义务，就是上帝！……礼赞国家，就是礼赞真正的自由'。听了这些话，可能有人要以为国家就是道德本身了。可是熟读黑格尔的人会笑出来，他们知道'这种酒神式的国家幻觉'，不过只是从黑格尔最糟糕的理论里清出来的垃圾，浮夸过度也肿胀不堪。大家渐渐对'伦理国家'感到无聊了，因为在现今这世界每日端出来的表演里，一个个国家搞的除了政治还是政治，而且是'最残酷、最粗糙也最肆无忌惮的那种政治'，把

---

1 《批判》（*Critica*），克罗齐发起的月刊，1903 至 1944 年，发行了 41 年，探讨意大利新的民族国家文化。

一切通通打烂，再随自己卷入洪流里。"写下这些话的这个人，尽管在表面上被各方孤立起来，实际上却仍然是一切意大利知识阶层真正的精神导师。就算与他敌对的真蒂莱的学生们，也从他那里得到更多的教诲，更甚于从他们自己的老师那里。他们即便不敢在公开场合与他见面，甚至避免跟他有电话联络，他们却阅读每一期新的《批判》月刊；他们替真蒂莱的刊物写文章的时候，则绝口不提克罗齐。我有幸曾在克罗齐家里与他的一些朋友有过一次聚会，他还跟我们一起在那不勒斯的小巷里散步到半夜。尽管我们年纪较轻的人，不能全部赞同他对时代变迁的各种评判，但有一点是明确的：他是当今欧洲极少数仍能自由思想的知识分子，而且其知识之广博、学养之深厚，令我们年轻一辈的人十分汗颜。

罗马的纳粹教授

　　第三帝国的教授到罗马来演讲的，除了海德格尔之外，还有德国文学学者诺曼、哲学家海斯、国务委员施米特、地理政治家豪斯霍费尔以及社会学者汉斯·弗赖尔。另外，法律学者汉斯·弗兰克也来到罗马，他的任务是让意大利人了解德国种族法令的必要性——这在当时是尚未成功的事。海斯的哲学专业演讲既没有特色，也无足轻重。只看过他的书的人很难猜到，这位提出大日耳曼主义与反基督教主张的作者，竟然是一个温和、谦虚与害羞的人。因为他是柯尼斯堡帝国大学校长与第一座"教师学习营"[1]的主任，拥有很大的影响力，所以我利用这个机会，试着跟他讨论一下我的处境。当时这是一个还没解决的案子，因为法律上我仍是教师，而我任教的聘书事实上已经被取消了。海斯表示他不同意这种处置，也向我承诺回去之后会与有关单位取得联系，之后再通知我他所达成的结果，然而

　　1　纳粹政府兴办的教师再教育组织，用以强化"一体化"的成效，加强对学院人员的控制。

此后我不曾从他那里得到只字片语。诺曼比较有趣，他是一位已经颇为衰老的老先生，演讲的主题是"日耳曼的世界观"，其主要内容为"英雄的悲观主义"。他早在 1933 年，就已经把他的著作《希特勒与格奥尔格》（*Hitler und George*）献给了第三帝国的元首与诗人。这样的组合，缺乏品味且可笑，只有他自己才浑然不觉。最近他尝试用海德格尔的《存在与时间》，来诠释纳粹与日耳曼的本质。意大利人对他这种概念的大杂烩感到好笑，但是诺曼却坚信，海德格尔不为众人所了解的范畴概念，可以为他解开日耳曼神话的深刻含义。而当有人在会餐时拿他的"英雄的悲观主义"来开玩笑时，他也觉得受到很大的冒犯。接下来的几位教授，其中之一就是施米特。我曾用假名发表过一篇文章批评他的"意志决定论"，施米特猜测躲在这假名背后的人是格奥尔格·卢卡奇（Georg Lucács），却没料到日后那原作者不但将坐在台下听他演讲，而且也跟把这篇批评以及施米特的政治论述翻成意大利文的译者是好朋友。施米特本人给我的印象，与我的期待不尽相符。这位国务委员一点也没有自信独断的独裁者模样，而是一个小布尔乔亚，有一张粉红色而光滑的脸。在演讲结束后的座谈中，他用一种不确定的眼神四下张望，因为听众的反应令他不很舒服。他演讲的要点尽管前后连贯，却也卑劣不堪："极权的国家"是源自于"全面的战争"，[1] 一个"全面的战争"必有一个"全面的敌人"，

1　"极权"与"全面"在德文是同一个字：total。

而上次的欧战之所以是"不道德的"（他真的这么说），正因为这样一个"全面的敌人"还不存在，战争就打下去了。施米特当时所称的"全面的敌人"是否意指"布尔什维克主义"（而现在指的大概是英国），这一点他并没有明白说出。在天主教徒面前，比如我的朋友埃里克·彼得森（Erik Peterson），他习惯给他的国家理论加上一点权威天主教的味道。他本身亦出身于新天主教的圈子，而这圈子原先是以舍勒为核心的。然而他与舍勒是有差别的，舍勒那种内在的不确定性是通过时常变换立场来表现，而施米特与彼得森则是用一种毅然决然的决定来表现，不管这决定是为教会还是为国家。一年后施米特遭了劫数：《黑衣团》[1]刊出了一篇文章，揭露了他从前与犹太人的关系，这使得他不得不辞掉所有的官职，退回教授的职位。弗赖尔的演讲处理的是"20世纪的历史的自我意识"，按照他这场演讲，历史不应该再被理解为"发展"与"进步"，而应该用"崛起""决定""时刻""存在"这样的范畴来理解。兰克（Ranke）、蒙森（Mommsen）与狄尔泰等人在一夜之间都归入古老的一代人，而20世纪的新一代则用"动词的、积极的与战斗的"表达来诠释历史。进行这历史行动的力量来自于血液、种族与信仰。谁要是没有信仰，就是"在半空飘浮的知识分子"。跟这种知识分子相反，弗赖尔想象自己是牢牢踏在土地上的人——他是那种成年的青年运动一代的类型。"一个连

---

1 《黑衣团》（*Das schwarze Korps*），纳粹党卫队的内部周报。

肤浅与轻信都变伟大了的时代"——克罗齐在他的《19世纪史》（*Geschichte des 19. Jahrhunderts*）的结语里如此称呼这个新的时代。

两位德国主任

弗赖尔的演讲在赫兹图书馆新成立的"文化组"里进行，然而这些建筑空间是由一个犹太基金会所捐赠的。在文化组主任霍彭施泰特（Hoppenstedt）的房间里仍然立着托瓦尔森[1]造的洪堡胸像[2]，墙上则挂上了希特勒的照片，也有一些霍彭施泰特认识的冲锋队小组领导的相片。这位神经质的老先生出身于一个良好的世家，因为他整个人有女性化的味道，大家都叫他"宝拉姑妈"（Tante Paula）。当希特勒在慕尼黑企图暴力夺权时[3]，他曾在远处参与此一行动。1933 年前，他还只是一个爱附庸风雅的无业文人，在意大利多处游历，也因此他才得到了这个不可小觑的小职位。后来他甚至还成为全意大利的"文化党

---

1 贝特尔·托瓦尔森（Bertel Thorwaldsen, 1770—1844），丹麦著名雕塑家。

2 洪堡兄弟，哥哥威廉（Wilhelm von Humboldt, 1767—1835）与弟弟亚历山大（Alexander von Humboldt, 1769—1859）都很有名。亚历山大是走遍全球的地理学家、自然研究者，威廉则是文哲学者、语言学者与政治家。柏林的洪堡大学以及此处提及的德国考古研究院都是威廉的手笔。此处的胸像指的是威廉。

3 1923 年 11 月，希特勒与鲁登道夫将军在慕尼黑发起武装暴动，企图建立独裁政权，未果。希特勒被捕入狱，判刑五年，但是 1924 年底便提早获释。《我的奋斗》便是在狱中写成。

部主管"(Kulturgauleiter)。他愿意让我使用的这个藏书间还"夹在两个时代之间"，里面除了非有不可的纳粹书籍之外，还有许多题材自由的藏书，以及犹太作家的作品，比如弗洛伊德所有著作，以及珍本的情色文学。他知道我是流亡者，却还是邀请我在一天晚上到他位于赫兹图书馆顶层的漂亮住宅。文化组原本的任务是保持意大利人与德国人之间的精神文化交流，实际上却仅限于提供极出色的招待服务，受招待者无不称心满意。组里也举办一些演讲，连我也会按时收到出席演讲的邀请卡片。很不幸霍彭施泰特没有考虑到，那条介于德国人与犹太人之间的界线，比他柔弱的性情所情愿理解的程度要更严格得多；当他那位远比他积极的助理 E. 从旁监视并且向上告发他的时候，他也只得不情愿地隐忍下来。有一天霍彭施泰特就落入了这样一个难堪的处境，他被迫派他的助理来我这里，把我已经收下了的邀请卡要回去，而且他本人也拉下脸皮来请求我们对这件事保持沉默，因为此事若公开出去，将会让文化组非常难看。到了 1936 年，这态势就更清楚了：当海德格尔在赫兹图书馆里演讲时，我已不被允许入场。

在担任公职的德国学者当中，唯一让犹太人到他家里来往的，就是德国考古学中心主任库尔提乌斯。我在弗赖堡的学生时代，参加胡塞尔的讨论课时，就已经认识他。他是一个有风骨的人物，不能忍受别人要求他限制私下的交往范围。在他位于安贝托大道（Corso Umberto）上的典雅住宅里，意大利人、德国人与犹太人可以齐聚一堂。他是社交生活的焦点，也体现了一种根植于歌德时代的文化。他在罗马的博物馆里带领的导览十分出色，召集了一群重视精神与意趣更甚于种族的人们前来参加。他毫不忌讳地把自己的小孩交给一位犹太裔的保姆照料，也请一位流亡的犹太人给他们上音乐课。那些显赫的纳粹同事演讲，他基本上都不参加，就连他从弗赖堡时代就认识的海德格尔，他也故意不请到家中作客。如果没有这位有人道精神而吸收能力又几无止境的先生——他对自己的考古学本业，对欧洲文学、音乐与哲学的领域都十分熟悉——那我在罗马居留的生活就得局限在意大利人与流亡者的圈子里了。只有流亡者才能体会，能让自己跟一位真正有学养的德国人进行兴趣相通的来往而得到快乐，这是一件多么重大的善举。库尔提乌斯也友善地关心我撰写布克哈特专论的过程，有几个晚上他为我空出时间，以便与我在他舒适住宅的屋顶露台上讨论这本书。我想把这本书献给他，但是未能实现：对他发动的政治斗争已经使他的位置受到威胁，使他无法再接受一个流亡者的献书之举。几个月后，在我离开意大利之后，他的敌人终于达到目的：他被解除职位，提早退休了。他的坚定不妥协给他带来了灾难，而这座 1 世纪前在洪堡与布森[1]手里建立起来的中心，现在落入了一个年轻小伙子的手里，这个人唯一的贡献就是为纳粹党办过事。

---

1 克里斯蒂·卡尔·约西亚斯·布森（Christian Karl Josias Bunsen, 1791—1860），德国外交家、学者与神学家。

在罗马的德国流亡者

德国的政治宣传活动已经成功地让人普遍产生了一个印象，以为那些"流亡者"都在未受胁迫的情况下离开了德国，而且目的是要从国外借着"宣传德国之恐怖"来进行报复。由于爱因斯坦受邀转往外国任教，一份德国报纸要求把所有被解职的德国大学教授的护照撤销，意思是说，他们不只应该丧失在德国的生存基础，还应该被迫留在德国苟延残喘。[1] 这个虐待狂似的要求并不是登在像《冲锋者》这样的地方，而是出现在由策雷尔（Zehrer）主编的《每日观察报》（*Tägliche Rundschau*）上；这份报纸在 1933 年是少数或多或少仍然正派的报纸之一，

1　作者注：1933 年 4 月 16 日的《每日观察报》："爱因斯坦教授已经接受了法兰西学院提供给他的数学与物理讲座教授的职位。……法国总理达拉第（Daladier）呼吁国会支持政府，'以便向他的天才致敬之余，也向他的勇气致敬'。这位'勇敢的'爱因斯坦教授在鼓乐喇叭的伴随下摇身变成法国教授之后，我们还有一项不可怠忽的工作，就是立刻把已经停职的大学教授的护照通通注销。不然的话，就无法保证这些先生们不会一个一个在最短的时间内都跑到巴黎、牛津或伦敦的经济学院，坐在讲台上大搞他们的反德国政治。在采取解职措施之后，现在也必须进行外交方面的配套行动了。我们必须想到，好几位被停职的教授如凯尔森（Kelsen）、莱德雷尔（Lederer）与博恩（Bonn）都拥有第一流的外国关系！"（译注：法学家凯尔森是 1920 年奥地利宪法的撰写者，法律实证主义的代表人物，于 1933 年流亡，先到日内瓦，后来到加利福尼亚大学伯克利分校。）

也正因为如此，它在同一年就被迫停刊了。[1]上面提及的对流亡者的这种印象，即便对智识阶层来说，也成了理所当然的事。B. 的说法可以证明这一点：他在给我的信上说，他不把我当成流亡者，因为他所理解的流亡者是像亨利希·曼或者在巴黎的流亡报纸的编辑那样的人。布里特纳夫妇也有类似的心态，他们在与我道别的时候友善地劝我，在罗马不要跟那些流亡者来往。这个劝告很荒谬，因为事实上是德国人不愿意与犹太人来往，而且，若考虑到他们最亲近的家中常客是一位典型的法兰克福犹太人，他们如此劝我就更显荒谬——这个人引起了我的反犹情绪，后来在罗马我总是避开他。就历史来看，欧洲对流亡者（Emigrant）这个概念的理解，当中或许仍有一些成分是在法国大革命期间的流亡者（émigrés）身上得来的。可是我们并不是政治难民，照我们自己的理解，我们数代以来皆为德国人，是最近才在别人的眼里变成了犹太人，即所谓的德国犹太人。这些德国犹太人之所以往外国去，只是因为德国使他们在物质上与道德上无法继续生存。这些德国犹太流亡者，绝大多数都是被放逐者，也就是说，违背他们的期待与愿望并被驱逐出境的人。我 1935 年还在意大利遇到过一个德国犹太人，他为了不"违背德国国民应尽的义务"，想把身上剩下的旅费寄回德国去，

1　希特勒掌权是在 1933 年 3 月 24 日。汉斯·策雷尔（Hans Zehrer, 1899—1966），德国著名的报纸编辑。他主编的两份新闻媒体，《每日观察报》以及《行动》（Die Tat）都在纳粹登台这一年遭到停刊的命运。策雷尔在战后主导了《世界报》（Die Welt）的筹办，也曾任主编。

可是这个人在法兰克福遭受过的事情，足以将一切公正与秩序踩在脚下。对于被驱逐的犹太人、半犹太人与混血儿来说，种族成分论并没有什么意义，因为种族法律所设定的前提对这些人而言并不存在：我们当中没有谁感觉到跟其他人同为一个种族团体，我们不觉得我们是一个"犹太民族"。这共通的命运却大致使我们更强烈地感受到，我们每个德国犹太人的存在方式都是不一样的。因此在罗马时，我们夫妇比较喜欢来往的，都是那些跟我们一样觉得自己是德国人的犹太人或半犹太人；而那些太过犹太的、自己聚起来过着类似隔离区般生活的犹太人，我们则是尽可能避开。后面这些圈子的犹太人喜欢用一种幻觉来鼓励自己，觉得希特勒政府很快就要崩溃了，不过绝大多数的人则没有太多政治意识。在布拉格、苏黎世与巴黎的情况可能不大一样。

画家桑德施泰因（Sandstein）是一个道地的慕尼黑人，因为自由职业的缘故，他对政治极度缺乏兴趣。一开始他试着开一家照相馆，他的太太则当声乐家教。后来他们开了一间民宿，好与他们成年的儿子一起度日。他们的生活有些青黄不接，儿子则加入了法西斯党，希望能成为意大利军官。弗兰克尔（Frankl）是一位被解职的艺术史教授的儿子，无论是性情还是外观上，完全没有犹太人的气息，他的太太是一位个子矮小的（雅利安）施瓦本人。他们跟自己的小孩住在一间扩建的车库，过得如此困窘，仅有的家具都是自己做的。他在一家意大利公司当建筑师。施特劳斯（Strauss），一个被解职的艺术史讲师，就职论文是平德[1]指导的。他靠自己的音乐天分度过难关，在罗马高等音乐学校勤奋地学习、做钢琴家教，在罗马享受着他的自由。雅斯特罗（Jastrow）小姐，一位被解职的知名国民经济学教授的女儿，本业是考古学家。她得到一份美国的奖学金，工作是整理希腊陶瓶碎片。弗伦克尔（Fraenkel），法律系毕业，也是迈内克[2]的学生，与一位雅利安教授的女儿结婚，到1933年为止，他一直是《德国大众报》[3]长年的驻罗马通讯供稿人。他对于被革职一事感到十分痛苦，却又不懂得在失业的情况下采取因应的作为，并节约开销，只知道一直消耗他的储蓄。一直到存款花费殆尽，他才终于试着从奥地利、捷克与法国的报纸接一些稿约。他用一种令人动容的"历史的客观性"来评判德国的事务，德国同事偶尔礼貌性地前来拜访，对此他都表示感激。1936年，他应一个意大利的专业期刊邀请，写了一篇文章《第三帝国法律对犹太人的处置》（*Il Trattamento degli Ebrei nella Legislazione del terno Reich*），文章作了如实的报道，没有任何控诉的语气。他没有料到，自己两年之后将会遭到意大利人同样的"处置"——真是一出黑色喜剧！古文学家瓦尔策（Walzer），与出版商卡西雷尔（Cassirer）的一个女儿结婚，是

1　威廉·平德（Wilhelm Pinder, 1878—1947），德国著名艺术史学者。

2　弗里德里希·迈内克（Friedrich Meinecke, 1862—1954），德国史学家，1948年出任柏林自由大学首任校长。

3　《德国大众报》（*Deutsche Allgemeine Zeitung*），历史悠久的开明右派报纸。1945年停刊。

耶格尔（W. Jaeger）的学生，在丧失了讲师的职位之后来到罗马，现在在真蒂莱手下，靠着精力、耐性与毅力重新经营学术生涯。他与他的太太都是十分传统的犹太人类型，特别因为那种不屈不挠的韧性，使他们能在任何条件下抬起头来，并结交新的关系。吕瓦尔德（Loewald），我从弗赖堡时代就认识的朋友，在罗马娶了一位犹太女孩，他勤奋地准备意大利的医学国家考试，尽管他在德国老早已经通过这项考试，后来他在一个意大利医院找到一个助理的职位。贝伦斯（Behrens）与弗莱希曼（Fleichmann）两位医生也同样再参加了一次国家考试，开了一间诊所，他们的病人主要是意大利人与流亡者，他们的生活被工作上的进展完全填满了，因此也已经不再回想过去的遭遇。莉莉·格拉登维茨（Lili Gradenwitz），一位非常漂亮、严肃的女孩，有一半雅利安血统，父亲在政变前是基尔市（Kiel）的市长。她原本可以留在德国，却宁愿用一个"彻底"的决定来解决她"半吊子"的血统问题，她刚到意大利时身无分文，一开始找到的是一份家庭女佣的工作。当我们在罗马认识她的时候，她在一个旅行社当雇员。1938年11月凌晨四点钟，她在基尔市的老父亲被人从床上拖走，被送进了集中营，但送进哪一个，连她的母亲都不知道。意大利种族法令生效前几天，她嫁给一个在米兰当机械师、入意大利籍的蒂罗尔人（Tiroler）。她是一个道地的德国北方女孩，只要话题一转到德国的情势，她会马上吓得脸色惨白——她宁愿把这些事情通通忘记。布伦德尔（Brendel）是库尔提乌斯一位很杰出的学生，考古研究院的助理，他跟一个犹太女人结婚，因此必须放弃他的职位，1936年时他去了英国。罗曼语学者迪克曼（Dieckmann）的情况跟他类似，但是没有像他那样能够应付这种处境。施皮策帮他在伊斯坦布尔弄到一个助理的位置，可是他对这个工作并不满意，所以后来又放弃了。只有在以下三个人身上，我才真正认识到了所谓的流亡者心理：一位是昔日的海德堡罗曼语学者莱奥·奥尔斯基（Leo Olschki）；一位是我已经提过的莱曼-哈特勒本，他的太太是雅利安人；第三位是克劳特海姆（Krautheimer），他从前是马尔堡艺术史系的讲师。奥尔斯基所出身的家庭，事实上属于一个跨国性的东犹太人族群，但他出生于意大利，我们把他戏称为"莱奥纳尔多·达·奥尔斯基"（Leonardo da Olschki）[1]。他的兄弟与父亲也都取得了意大利国籍。奥尔斯基是一位知识丰富的学者，他聪明、锐利，也很有洞察力。因为那时候他仍从德国领取年金，在罗马也有人帮他安排了一个不支薪的客座教授职位，所以他的生活并不沉重。莱曼的情况就糟糕很多，因为他有三个男孩要养，在经历了两个充满忧虑与辛酸的年头之后，才终于在美国安定下来。活跃的精神活动虽使这两人不致垂头丧气，但是政治的局势总让他们无法忘记所失去的东西。要跟他们见面而不马上谈到德国或犹太的话题，是不可能的事情。骄傲与学养使他们相信，从德国被放逐出去的犹太人现在有个使命，就是在美国保存欧洲文化使之免于毁

1　模仿达·芬奇（Leonardo da Vinci）之名。

灭，就像希腊的移民将古代的文化继续传承下去那样。奥尔斯基是最后一个离开罗马的，这时他也已经不被允许继续在大学里讲课，意大利也不再让他留恋了。希特勒到罗马访问期间，有不少流亡者遭到逮捕。其他人逃过了这一波行动，尽管有种族法令，但直到现在都还留在罗马。

米歇尔斯、彼得森与哈格曼（Hagemann）小姐等人也算是某种流亡者。米歇尔斯，知名的社会学家，在几十年前就因政治因素离开了德国。[1] 他是佩鲁贾（Perugia）的大学教授，住在罗马。在窄小的、摆满各种珍贵收藏的客厅里，他常邀请一群背景差异极大的朋友齐聚一堂。在这种场合里，他能极灵活地在意大利语、法语与英语之间切换，必要的时候还能改讲德语。他取得了意大利国籍，也成为法西斯党人[2]，喜欢在公众场合上装作好像已经听不太懂他的母语德语。他接听电话时会自称"罗伯托·米凯尔"（Roberto Mikels）[3]，但是意大利人从来不太信任这位"罗伯托"。他是一个有趣的人物，脸上坑坑疤疤的，让我想起斯特林德贝里[4]。此外，他还是一个博学无匹的人，一个永不疲倦的新闻工作者。他于 1936 年在罗马逝世。彼得森在自由新教的崩溃中所采取的最后决定，跟巴特的方向正好相

1　罗伯特·米歇尔斯（Robert Michels）1876 年出生于德国科隆，家境极为富裕。1907 年因参与社会主义宣传活动，无法在德国大学撰写就职论文，于是离开德国。

2　米歇尔斯于 1923 年入党。他在佩鲁贾大学的教职是墨索里尼特别安排的。

3　米歇尔斯原名的意大利发音。

4　奥古斯特·斯特林德贝里（August Strindberg, 1849—1912），瑞典作家，被誉为瑞典现代文学奠基人。

反：他改信了天主教，到了罗马。在这里他以 43 岁之龄娶了一个年轻漂亮的意大利女孩，她为他生了好多个孩子。他们住在阿文蒂诺[1]，与外界不常往来。我常常去拜访他，他也总是友善地接待我，给我一些鼓励。他对于离开德国感到痛苦，也很清楚，那道从 1933 年起将德国精神生活撕开的裂痕，同样也损害了他的神学工作。对德国的事务，他特别关注的是基督教教育的毁灭。他不愿意自己的小孩在这样的国家里生活，所以他决定留在罗马，虽然意大利的天主教并不让他满意。他改信天主教，基本上跟他改信浪漫主义差别并不大，尽管前者在教理上有更稳固的基础。他在一间隶属于教宗的机构讲授关于教父学（Patristik）的课，可是我常常有这样的印象，波德莱尔比那些基督教神学家更接近于他的性情所向。犹太人问题对他来说是一个神学问题，只有以基督教的方式才能解决，而他意趣丰富的作品《犹太人与异教徒组成的教会》（*Die Kirche aus Juden und Heiden*）并不缺少一种基督教式的反犹语调。我既不站在犹太教那边，也不站在基督教这边，这对他来说是一个谜，让他感觉不安，因为这跟他自己的抉择立场正好相反。哈格曼小姐虽然在政治与种族上都没有问题，但一样不愿意回到德国。她属于少数的那些德国人，这些人内心受到纳粹党的野蛮与反犹行为而严重受创，以至于他们宁愿留在国外。当我们认识她的时候，她在库尔提乌斯的几个女儿家里当保姆。

1　阿文蒂诺（Aventino），罗马市七座山丘之一。

在意大利与日本的苏联流亡者

苏联的犹太流亡者绍尔（J. Schor）的情况很特殊，他先从苏联被赶到德国，又从德国被赶出来。他与太太在罗马以写作维生，直到他前往巴勒斯坦为止。靠着一种俄国哲学家的性情，他面对这些生活中的动荡与变迁都有办法安然自处，远比所有我认识的德国流亡者稳定得多——后者几乎都还继续依恋并经营他们中产市民的生活格调。他是一个优雅而聪敏、容易博得好感的人，与他相处是一件十分愉快的事情。我通过他还认识了已经 70 岁的作家伊万诺夫[1]，他靠教人俄文与法文勉强过活。苏联流亡者这种特性，我在日本也再度得到确认的机会。1939年夏天我认识了一位先生，他自称 B. 先生（Monsieur de B.），从他外观上你绝对看不出来，这个人在 1924 年之前在圣座[2]下担任俄国外交官，而在那之后是巴黎一家女性内衣店的老板，现在在日本一个乡下小地方当中学老师，教授德语、俄语与法语。

1　维亚切斯拉夫·伊万诺维奇·伊万诺夫（Vyacheslav Ivanovich Ivanov, 1866—1949），俄国象征主义诗人、学者。1924 年流亡罗马。

2　圣座（Heiliger Stuhl），指梵蒂冈政府。

他使用无国籍者护照（Nansenpaß），但在道德情感上却觉得很自在；与英国人、意大利人、纳粹党人及犹太人来往，可是从来都维持着 B. 先生的身份；带着一根古怪的手杖，手指上还戴着一个不寻常的戒指。同年夏天我在横滨与一位 20 多年前弗赖堡时期的同学重逢，他就是音乐家夏培罗（K. Schapiro），蓄着旧约先知般的大胡子，以一种独立自恃的方式，在海边一栋小屋子里满足地过着他的日子。他的太太颇有风韵，也是犹太人，已经给他生了五个儿子，平常教人弹钢琴。因为我拜访他的那一天是犹太教的节日，而这是他一向坚守的，所以谈话也就围绕在我们的犹太文化上——这个话题，我们从前在弗赖堡的时候从来没有谈到过。他向我解释，他从前相信自己是一个"欧洲人"，直到后来他才发现，自己并不是一个受德国与法国文化熏陶的俄国人，而是一个犹太人，别人的确有理由把他区隔开来。他发现我对正宗的犹太教并无兴趣，感到很失望，所以从那时起，就把我当做一个"基督徒"。他的个人哲学如此怪异，以至于在这上面很难跟他好好谈话。他已经变成一个十足的怪人，跟所有人都决裂了，却又因此增强了他的自我意识。他原本的家庭在十月革命中完全被打散，分别往日本、巴黎与非洲去了。

将犹太人赶出意大利

　　1938 年，意大利公布了种族法令，于是绝大多数我们在罗马认识的人与朋友在辛苦地工作了五年，各自拥有了微薄的生计之后，再度被驱逐了。他们有六个月的时间去办签证、找船位，看看这既辽阔却又从未如此狭窄的世界上，有无任何地区愿意收留他们。桑德施泰因一家为了筹措旅费，把他们的民宿卖给几个特技演员，然后移民到玻利维亚去投靠友人了。大部分朋友去了美国，有一位则去往英国。一年之后，德苏签订了互不侵犯条约，意大利的种族法令便显得多余了，因为轴心联盟的吸引力已大半丧失。[1] 这些法令虽然条件比较宽松，基本上却比德国的种族法律更为可耻，因为意大利原先是主动向这些流亡者提供庇护，却又要把他们赶出国门，就连他们从德国合法携入的财产，也只准他们带走两千里拉（约合五百帝国马克）。[2]

　　1　希特勒与墨索里尼的合作从 1936 年开始，即所谓的"柏林罗马轴心"，正式的合约（《钢铁协议》）于 1939 年才签订。1940 年日本加入，三国签订盟约，成为"柏林罗马东京轴心"。

　　2　按照史学家格茨·阿利（Götz Aly）的估算，1939 年 1 帝国马克购买力，约合 2003 年的 10 欧元，1939 年的 500 帝国马克据此约等于 2003 年人民币 46000 元的购买力。

所有的努力与劳动、投入与希望，刹那间化成了乌有。当我从日本向一位意大利朋友探听我们共同朋友的下落时，他感到十分不堪，请我在信里最好还是不要谈到这些事情："让我们说些轻松一点的吧！"

如果我说所有这些流亡者（流亡者在罗马相对很少），都是既单纯且规矩的人，那我并不是在为自己辩护。他们完全只忧虑着自己的存活，从来没想过要进行什么宣传活动来打击德国，或要对意大利的法西斯政府不利。我从未从这些人的口中听过一句仇恨德国的话。他们对此绝口不谈，总试着在每日当下的工作里忘掉他们遭受的损失，试着习惯新的生活，在其中享受一切还可以享受的、使人快乐的事情——这样的事情在意大利可是一点也不难找。他们虽然被迫在异乡落脚，但是有能力融入当地。反而言之，若把犹太人说成是一个有共同血缘与信仰的团体，那这样的犹太人我从来也没有遇到过。

日本人的天真与德国人的天真

　　我一开始感受较多的也只是我个人特殊的遭遇，至于犹太人共有的命运，我的感受并不多。这自然是顺着我所受的教育与所作的选择而来的结果：两者的基本目标，都是要从犹太身份解放出来，而成为德国人。只要一个人内心与外在的存在处于这样的状况，他一定会对一些犹太特质特别反感，因为这些特质使犹太人跟德国人如此不同，也因此他一定会排斥自己或者别人身上有这样的特质。不过，逐渐地我也了解了，如果迫害着全体犹太人的，是一种普遍而共同的命运，那么个人殊别的遭遇也就不是最重要的事。有一件事情是我在罗马刻意不去做的，但是到了日本之后，这事却变成我一件理所当然的任务，那就是：在必要的时候，对那些被德国的政治宣传欺骗的外国人，详细地解释德国人到底做了哪些事。既然只有少数德国人才有能力正确地提出"什么是犹太，什么又是德意志"这样的问题，那么外国人又该从何判断这个跟他们本身没有关系的问题呢？我的日本同事都没有能力做出判断，就算他们在报纸上读了再多这方面的消息也是一样。他们大多数的看法是全然天真的，有些人说"犹太人"时意思指的其实是英国人，以及美国人的资金——他们这时正缺军费，美国的资金又让他们恨得牙痒痒。用一个典型的例子可以说明他们的天真：数学家 K.，一位友善而有学问的仙台大学教授，有一天来找我，请我帮忙改一篇用德语写成的文章（他知道我的犹太身份）。他是受到一位德国数学家的邀请，共同发表一份学术报告，里面有日本、意大利与德国的研究各一份，报告将在德国出版。K. 先生为此深感光荣，还写了一篇前言，里面表达了他的期望，希望他们三位数学家的合作，也能够从学术的方面使日本、德国与意大利之间的政治铁三角更加牢固。语气还没换，他接着表达他对爱因斯坦最高的崇敬，要是没有他的研究成果，当代的代数理论也将孤立无助，前言的结尾处则对我帮忙修改德文表示感谢。当我试着让他了解，他最好不要提到我的名字，而且若要把他关于爱因斯坦的那句话印入文章，会给他的德国同事带来很大的麻烦时，这位单纯的先生的理解能力忽然间就停摆了。他万万没有想到，在德国竟连"纯粹"的数学也会受到纳粹的框限。虽然他也很清楚，爱因斯坦已经不在德国教书了，但是他从来没有真正了解过，爱因斯坦的名字在今天的德国意味着什么，他也从来没读过爱因斯坦的《我的世界观》[1]，这本书里翔实地记载了他被解聘的经过。K. 教授活在他的数字里面，在数

1　即《我的世界观》（*Mein Weltbild*），初版 1934 年问世，1955 年增补。爱因斯坦介绍了他看待世界的方式，与纳粹的抗争，犹太人的问题，以及一些科学的研究成果。这本书今天在德国仍然十分畅销。

字以外的世界，他所看的报纸告诉他，只有意大利与德国才深刻"理解"日本所提倡的东亚新"秩序"。解剖学者 F. 稍微不这么单纯，他跟我讨论他需要多少资源、哪种办法才能帮一位犹太朋友从德国逃出来，但同时又可以不影响他进入"德日文化联盟"的董事会——这个机构的宗旨可是要为纳粹党的反犹宣传在日本做准备，现在这工作已经进行到仙台来了。

当我试着在这些情况下让更多人得到应有的了解时，心里明白，这样很容易引起一种反对意见：一个流亡者的立场太过偏颇，因此不能客观地判断这些打击到他自己的事情。在罗马，当诺曼先生不知道该如何接话的时候，就用过这种廉价的、乍看有理的论据来反驳我。我回答他，他难道以为，只因为自己是纳粹、德国文学学者以及雅利安人，就会比较"不偏颇"？一般来说，成见每个人都有，诺曼先生有，我也有。但是现在的问题是，他自己愿不愿意看穿这些成见？或者他其实想把自己的成见当成"种族的遗传"，当成教义来崇奉，以便主张所有缺乏这种"遗传"的人，从先天上就不了解真理，也永远不可能了解真理？我认识的许多流亡犹太人，直到今天都还愿意，也有能力了解"德国的"意味着什么，卡勒便是一例。可是我认识的那些追随纳粹的德国人，却没有一个对自己做过这样的批判。然而若没有这样的批判，一个人永远不可能合理地对待与己相异的他者。犹太人有一种特殊的天赋：他们能够与别人同化，也能理解自己的弱点与毛病（关于犹太人最棒最犀利的笑话向来都是犹太人自己想出来的），而这天赋又源自于他们特有的习性，能洞察并批判自己。犹太人十分清楚自己是谁，也因此德国人与犹太人在这个问题上，从来就不在一个对等的平衡关系里：一个德国犹太人总是更能了解什么叫"德国的"，而一个现代的伪日耳曼人[1] 相较之下，总是难以了解什么叫"犹太的"，无论他创立再多"犹太问题研究所"也是一样。然而如果今天德国人谴责那些移居国外的犹太人，说他们"不实地宣传德国的恐怖行径"，那我们也只能回答：是你们自己把我们变成你们的敌人，使我们不得不希望英国能获胜！而且说到恐怖行径，这些事情可是白纸黑字地印在每一份德国的报纸上，虽然你们用的标题跟全世界其他地方不一样。当戈林在实施20%（最近已升至25%）的"赔偿税"之前的一年半、下令估算全国犹太人的财富以便计划抢夺时，《民族观察者报》（*Völkischer Boebachter*）报道的标题是："犹太经济的势力版图清楚地现形了。"

1　伪日耳曼人（Pseudogermane），该词意在强调，纳粹德国宣扬的"德国"其实是一种虚假的东西，以示与真正的德国有别。

马尔堡大学的犹太人与雅利安人的遭遇

　　马尔堡同事的命运是这样的：最早是两位雅利安的国民经济学者勒普克（Röpke）与东方学者格策（Götze），因为政治因素离开了德国，也在外国找到了符合他们身份的职位。施皮策先受聘于伊斯坦布尔大学，然后又从那里转任约翰斯·霍普金斯大学。他前往美国时，让奥尔巴赫接下了他在土耳其的职位。克劳特海姆在罗马找到了一个美国学院里的小职位。罗德（Rohde）因为他的犹太裔夫人而被迫放弃了教职，后来在安卡拉（Ankara）安顿下来。雅可布斯塔尔有一个同行的英国朋友，这位朋友帮他在牛津找到一个职位，他信上的话既简洁又准确："这整件事情"只是一个"益智训练与自我心理卫生"的问题，没弄好的话，人就会紧张，然后就会完蛋。弗兰克与弗里德伦德尔一直留在德国，直到 1938 年的迫害犹太人行动（Judenverfolgung），才决定要出走；费里德伦德尔还被送进过集中营。这两人现在都在美国。其他较年轻而尚未完成就职资格的人里，列奥·施特劳斯（Leo Strauss）与克莱因[1]起先都在英国，直到他们在美国找到工作为止。我的学生博希威茨（Boschwitz）在 1933 年及时完成博士学位，后来跟着他的家庭迁居巴勒斯坦。不过他不能适应那里的生活，现在正想办法去美国。马塞尔从维也纳转到纽约去了，过得很惨，借债度日。

　　尽管伽达默尔缺乏"政治贡献"，且饱受各方阻挠，最后还是在莱比锡当上教授。他来信的次数不多，信上总是载满哲学的思索。我们在马尔堡的时候就因为性情的差异而有些距离，他这些信虽然充满善意，却仍无法使这距离缩短。我因为考虑到德国人与犹太人的政治区隔，决定要把十几年前出任他小孩的教父的名义给结束掉，但是他不肯同意。克吕格尔无论是师者风范或性情人格，都是我所欣赏的，但是我跟他从来没有亲近的来往。他加入了宣信会的阵营，也因为不肯随波逐流而遭受了许多刁难，之后才得到教授职位。布尔特曼一点也没变，一直坚守他的神学研究，而也是靠了这种坚定的个性以及枯燥的求实精神，他得以度过时代的危难。德布尔 1935 年随同格贝尔（R. Goebel）到罗马时来看了我们，她仍然是从前我们那位亲切聪明、能干又关心人的朋友。她三个孩子现在已经长大，都教养得很好；她也排除一切困难，仍与外国的朋友与亲人保持联络，包括在多尔纳赫[2]的人智学同道、在瑞典与法国的朋友，

　　1　雅各布·克莱因（Jacob Klein, 1899—1978），美国哲学家，以阐释柏拉图和柏拉图主义传统，研究现代符号数学的本性和历史起源而著称。

　　2　多尔纳赫（Dornach），位于瑞士西北的小城。

以及在美国的姐妹。此外，她与孩子们都积极地参与德国的公共事务，也加入纳粹的组织工作，但是并不因为胆小谨慎或怯于犯险，而损害她心中那种面对德国事务时的自由心态。不过这类坦诚自在的态度在德国人里是例外，而且比较容易在女人身上看到，男人则较少。

随着军营建筑的进展，马尔堡大学以相同的速度萎缩下去，神学院的学生人数从 700 名锐减至 120 名。在台面上积极表现的主要是彦许——一个带着强烈精神病态气质的 50 岁光棍。他狂热地一头扎进运动之中，好让自己在"青年的崛起"（Aufbruch der Jugend）里跟着沾染一点青春的气息。他发表了不计其数的演讲，讲题全部都是"德国的人"。在 1939 年冬季学期的《马尔堡大学指南》（ *Führer der Marburger Universität* ）[1] 里，一般所称的马尔堡学派（科恩、纳托尔普与卡西雷尔）已经被当做一类犹太的、自由主义的事件，因而不再被哲学院的介绍提及。[2] 取而代之被大力强调的是那些与民族关系密切的专业学科，如国防科学、种族学与人类学，目标在于创造出"新德国人"。

---

1 德国大学每学期都会出版的介绍手册，里面有该学期全校的系所、课程与老师的介绍。

2 作者注：为了能够实现"配合人种的学术概念"，哲学专业的图书馆采用新的分类方式，根据官方发布的新闻稿，依循的是下列的原则："一、原典文本。二、哲学史。三、民族学术（Völkische Wissenschaft）。四、腐败的犹太与自由主义诸学派。五、个别领域。"关于第四大类有这样的解释："此类又分成两个部分，一是自由主义路线的哲学，二是被犹太思想主宰的学派。前者的范围包括实证主义、西南德国的康德学派、实在论、人文精神科学的各个学派与批判者、文化哲学家、文化批评家，以及存在主义。第二个部分包括马尔堡的新康德主义、现象学、生命哲学、犹太的法律思想、犹太的文化哲学、犹太的美学、犹太的数学，以及相对论。"

在我昔日的同事里，都是那些最年轻但平庸的家伙最快升任正教授。大学指南上除了有校长的照片外，还有一个大约20岁的学生领导兼"区党部学生领导代表"先生。印在指南头几页的德国学生纳粹"生活守则"，通篇都是领导、任务、献身、纪律这类语词。生活守则的内容如下："一、德国学生！我们不需要你活着，但是很需要你在民族面前实现你的义务！不管你变成什么，不要有愧于你德国人的身份！二、一个德国人最高的法律与最高的尊严就是荣誉。荣誉如果受了损害，只能用鲜血来补偿。你的荣誉，就在于忠于你的民族，也忠于你自己。三、要当一个德国人，就要有人格。我们呼唤你，一起为德国精神的自由而奋战。你要寻找那已然决定的、埋藏在你的民族里的真理！四、放荡不羁与无拘无束不叫自由，在服务里的自由，比自行其是里的自由更大。德国的未来就取决于你的信仰、你的热忱，还有你战斗的意志。五、没有想象力也想象不出东西来的人，就什么也不能达成。如果你的心里没有火苗，那你也点不燃任何东西。要有勇气去赞叹，有勇气去敬畏。六、要成为一个纳粹，首先是天生如此，更重要是有人如此教养你，最重要是自己朝这个目标去教养自己。七、遇到任何事，就算比命运更不可抗拒，都要用你的勇气，从容地扛起来。它若压不死你，就使你更强壮。你要赞美使你遭受艰难的一切。八、你要学习如何在一种秩序中生活。管教与纪律是每一个团体不可缺少的基础，也是所有教育的开端。九、作为一个领导，尽自己义务时要坚强，为必要的行动代言时要坚决，要能帮忙、要守规矩，判断人性的弱点时永远不要心胸狭隘，体察别人的生活需求要大度，看待自己的需求要朴实。十、要做大家的伙伴！要既英勇又谦虚！在个人生活里要当一个榜样。看你与人的交往，别人就知道你德性成熟的程度，要言行合一，要追随我们的元首！"

这样一个首先必须知道"他一点也不必活着"的德国学生，具有完美的"德国人"一切的德行。这生活守则的措辞，只有一个地方是落在纳粹的格局之外的，就是第九条守则。这一条令人想起歌德的话，而跟其他所有守则很不协调。

德国事件在意大利的反响

　　我 1934—1936 年在意大利停留期间，台面上发生的政治事件是这样的：我离开德国之后几个月，副总理巴本（v. Papen）在马尔堡大学做了一场关于国内政治局势的演讲，这演讲后来变得很有名。根据推测，这是出自接近兴登堡人士的谋划，但是演讲出版之后立即遭到戈培尔查禁。这演讲预示了一场即将来临的危机——这场危机于 1934 年 6 月爆发，结果是大规模的政治谋杀，遇害的有巴本的秘书、施莱歇（Schleicher）将军、罗姆（Röhm）上尉，施特拉塞尔（G. Strasser）以及其他约莫 150 名纳粹党内的知名人士。此一事件在意大利形成了一面倒的印象：对于这恶行所显现的全然不择手段以及阴狠的暴力，所有人都惊骇至深。德国人对这件事不过几个星期就冷静下来了，可是在意大利，人们在追悼一位十年前遭谋害的社会主义者 T. 时，还是会义愤填膺。我在罗马向贝泽勒解释，1934 年 6 月的这件事多么冒犯了意大利人的正义感，他却表示完全不能理解。因为他认为，这不过是一个"形式"的问题：要把一些对国家构成危险的人除掉，你可以用司法审判的方式，但是也可以不用。他这种对法治与法律形式全然无所谓的态度，在所有受纳粹主义教养的德国人身上，是非常典型的。与此完全同样令人惊讶的天真态度，也出现在1939年10月希特勒在帝国议会上的演讲之中——这是在波兰被瓜分之后。[1]他在演讲里提出"和平的倡议"，里面有一段说，有人谴责德国采取的"手段"，可是这不过是英国装出来的正义感；最后决定一切的，"并不是手段，而是成果与利益"。在这几句话里，透露出一种彻底的对立，不仅是德国与英国间的对立，更是野蛮与文明之间的对立。这样的对立，在德国人眼里，不过也只是形式上的差异，尽管他们早在1914—1918年，由于他们以凌驾一切的姿态蔑视所有的条约与规范，因而早该学到一种教训，那就是：形式远不只是形式性的东西而已。希特勒在这次演讲中做了一个天真得令人瞠目的表述：他说这些英国人所采取的敌意对他来说是"难以解释的"，以至于使他个人"至为震惊"。这些德国人永远也无法对自己解释，为什么别人痛恨他们所采取的手段。1916年至少还有一位哲学家舍勒在战争进行的期间努力地向德国人解释"德国人被仇恨的原因"，可是现在的帝国哲学家所想的，已经跟他们的元首完全一致，因为"生命"哲学与"存在"哲学业已断绝一切法理哲学的可能性了。如果一个民族的利益就是公理正义，那么再怎么谈公理正义也是没有用的。

1　1939年8月23日签订的《苏德互不侵犯条约》中，有秘密条款划定两国在东欧和北欧的势力范围，其中就包括瓜分波兰。德军于9月1日入侵波兰，苏军则是在9月17日。波兰无力抵抗，就此遭到瓜分并吞。

1934 年 的 夏 天， 我 们 在 拉 巴 洛 波 撒 多 （Pozzetto bei Rapallo）的"海星之家"（Hause Stellamare）， 跟几位以经营民宿维生的德国流亡者一起度过。他们租到的这间别墅坐落于几个有橄榄树的小山丘之间，美丽得令人着迷。从屋顶的露台眺望出去，可以一路看到波托菲诺的港湾。秋天时我们从这里动身前往热那亚，我则继续经由威尼斯前往布拉格，去参加国际会议[1]。只有到了更遥远的东欧这里，一个人才能真正明白，什么叫做欧洲的城市——特别是这般美好的欧洲文化与历史的缩影。在继续前往布拉格之前，我临时起意，到热那亚后面山上的古堡以及菲纳马利纳去走了一遭，这些是我二十年前当战俘时待过的地方。厚达一米的城墙里，沉重的大门敞开着，窗户都被打破了，古堡里面的房间空空荡荡。我们从前在此处被监禁的痕迹消失得无影无踪。路上遇到的几个人，也都不曾听过有这么回事。

---

1 指世界哲学大会，1900 年在巴黎召开第一届，2003 年的第 21 届于土耳其伊斯坦布尔进行。此处指的是 1934 年于布拉格召开的第八届大会。

在布拉格的哲学家大会上（1934）

　　大会主席由贝纳斯博士[1]担任。核心的议题是"民主政治的危机"，讨论中最热烈的主要是法国人与捷克人，而为数不多的几位德国代表〔有海斯、黑尔帕赫（Hellpach）以及埃姆盖（Emge）〕退到幕后，他们很难在这种与所有德国原则都格格不入的跨国氛围里感到舒适。哈特曼友善地找我谈话，似乎忘记我从前退出他在马尔堡的讨论课的事。意大利派出来的人里，也有那位著名的法西斯主义的法学教授德尔伟基奥（G. del Vecchio）。我前一阵子偶然收到一封他的信，他在信上为了自己由于犹太出身而被解聘的事情，悲愤地控诉着，然而也难为情地极力争取，让他的著作能出版日文译本，以使他受伤的自信心在国外得到救赎。我也在会上认识了出版家迈纳[2]，并且把我的尼采专论的手稿拿给他看，但是他太担心政治的因素，因

<hr>

1　即爱德华・贝纳斯（Edvard Beneš, 1884—1948），捷克政治家。1935 年当选捷克斯洛伐克总统。

2　费利克斯・迈纳（Felix Meiner, 1883—1965）于 1911 年成立迈纳书局，是德国著名哲学图书专业出版商，今天的经营者已是第三代的曼弗雷德・迈纳（Manfred Meiner）。迈纳书局声誉卓著，一般人文书店往往有整排的专柜陈列。

此不敢出版这本书。

我们在索伦托的圣阿涅罗（St. Agnello di Sorrento）与莱曼夫妇一起共度所剩的夏日，直到初秋。我们同住的小旅社设备很原始，但依然令人愉快；阳光灿烂，风景充满魅力，没有一日稍减。我们到"沙漠"修道院（Il Deserto）走了一趟，并且在破晓之时从拉韦洛（Ravello）出发徒步漫游，先往下走，往阿马尔菲（Amalfi），然后从波西塔诺（Positano）朝索伦托往回走。这次出游虽然阳光炙热，但我们从中得到的快乐，已足以扫除心中多年的阴霾，也让人永远地记在脑海。冬天时我在罗马写完了尼采专著，也找到 R. K. 博士先生当编辑，他个人对此书很感兴趣，还有非常迁就并配合我的出版商 B. 先生。

聘书被撤销，以及我的德国之旅

1935 年年初，尽管依照法律[1]我仍是讲师，而且并没有任何法律上的依据，我的聘书仍然被撤销了。因此我便在五月前往柏林。文化部里的人告诉我，这是马尔堡的教师会领导所做的决定，不过他们并没有看到任何反对我的理由。了解状况之后，我就去了马尔堡，为我在德国的生存基础进行最后一次，也是正面的争斗。我去见了院长，他一开始对我的越级申诉感到有点吃惊，但很快就向我表示，他并不站在教师会那一边。他是一位正直的人，每天都饱受党部丢过来的抗议案的折磨，所以基本上很高兴手上可以有点筹码跟他们对抗。由于我再没有什么可以损失的了，这使我在道德立场上以及物质上都获得了胜利：我与教师会领导 M.、他的代理人以及哲学院院长进行了三次会谈，有以下的结果：一开始是文化部把这项棘手的工作推给了教师会，教师会在我面前则借口说这是文化部与院长的意思，而在我锲而不舍的追问之下，真相终于显现出来——教师

1　指"前线条款"。

会背后还有一名幕后操纵者用间接方式，把我的聘书给撤销了，所谓"自由的责任"原来是这么一回事。我于是对教师会这些高贵的先生明讲：你们既然接受前线条款，却暗地里绕过这条法律办事，事后又不承认自己做的事情，实在是难看得可怜。你们至少应该首尾一致，应该先把保护参战者的法律公开废掉；如果是那样的话，一切就都没问题，我也不会再跟你们多说一句废话。他们听后要求我必须收回我对他们人格的指控。院长却回答他们说，他们不能对我做这种要求。接着院长陪我去见财务长——一位办事总是准确，也很敬业的先生。靠他与院长帮忙，往后半年我每个月还能在意大利收到两百马克的汇款，相形之下这位教师团领导真是卑劣得可以，就连这一点对我处境的小小援助都要想办法阻挠。

在马尔堡的这三天，我与朋友们只能很短暂地见个面，却也认识了一位日本人。他为了要跟我读书才到马尔堡来，却不知道我人已经到意大利了。一个对我来说完全陌生的人对我有这样真挚的善意，令我很感动。他送我一大堆礼物，还劝我到日本去。他说，我那本就职论文，让我在日本比我所知的还更为有名。受到他的鼓舞，我不久后便写信给九鬼周造；他在马尔堡留学时与我有过一些来往，后来在京都帝国大学当哲学教授。

绕道巴黎返回意大利

为了与洛克菲勒基金会的主任沟通我的情况，我带着被批准携带的十马克，从马尔堡经过巴塞尔到了巴黎。我申请把奖学金延长到第二年，但此事遇到很大的困难，因为奖学金的前提是，受领人资助期满必须回到他原先的单位去，可是现在这对我来说已经不可能。情况变得很荒谬：只因我在德国失去了教职，所以连同国外的奖学金也得赔上。幸好这位主任很了解我的处境，他找到一个解决办法，批准我领取另一种补助，让我第二年的生活费也有了着落。在巴黎我还拜访了我在马尔堡的法语老师格勒图森（B. Groethuysen），也探望了柯瓦雷[1]，我从上胡塞尔的讨论课时就认识他。巴黎的咖啡馆里坐满了年轻的德国流亡者，我买了几份报纸，一看之下很是吃惊：因为在意大利与德国生活的缘故，我已经如此地不习惯任何自由的意见表达与批评，以至于当我看到三份不同的报纸，竟然对政府的同一项措施有三种不同的立场，而非只有一盆"大锅菜"时，

1　亚历山大·柯瓦雷（Alexandre. Koyré, 1892—1964），俄裔法国哲学家、科学史学家。

深深感到惊讶。

我与太太在马萨和卡拉拉（Massa Carrara）的波韦罗莫（Poveromo）会合，我们在那里的"文图里小屋"（Casa Venturi）里过了一段很惬意的日子。这栋屋子在一片稀疏的松树林里，树林下方有宽阔的沙滩，后面是阿普阿（Apua）地区的大理石山。[1]一大清早就有棕色皮肤的女孩，头上顶着大篮子，把水果、蔬菜与海鲜送到门前。友伴也并不缺少，因为经营民宿的多拉（Dora M.）与G.女士就住在附近。在这令人心情畅快的环境里，我开始专注于创作我的布克哈特专论。另外一篇还在马尔堡时就已经完成的专论——探讨马克思与克尔凯郭尔两人如何看待黑格尔的哲学成就，当中包含了我后来在日本才撰写完成的、以德国发展为主题的《从黑格尔到尼采》（*Von Hegel bis Nietzsche*）一书的纲要——被《康德研究》（*Kantsudien*）期刊积压了一年之后退稿，理由是，由于"技术性的因素"他们无法依照承诺刊印我的文章。这技术性的因素不外是：马克思在德国是一个禁忌，而且文章作者并非雅利安人。编辑先生在一封很可悲的信里请我谅解他困难的处境，我回答他：我的处境比他还稍微困难一些。没过多久，这位可怜的先生就被编辑部开除了。他之所以在1934年作了承诺，一年之后却无法兑现，问题并不出在他身上。1935年，尽管天气炎

1　以上这些地方位于意大利托斯卡纳的西北海岸，在比萨北方不远处，是风光明媚的度假胜地。

热，我们还是留在罗马。W. 一家到德国度假去了，把他们漂亮的房子留给我们看管，这房子在圣彼得镣铐教堂（San Pietro in Vincoli）附近，位于七阶路上。数星期后，病倒了的弗兰克尔太太也过来跟我们同住，我继续写布克哈特的专论。九月，德布尔太太来探望我们，书完成后，柏林的伦德出版社（Runde Verlag）的 B. 先生却已无法再承担出版此书的工作，因为这对出版社风险太大。1936 年，通过克吉教授（Prof. Kaegi）的推荐，我得到在巴塞尔的施瓦贝出版社（B. Schwabe）出版的机会。卢塞恩（Luzern）的新生出版社（Vita Nova）也有意出版，但我犹豫一阵子之后拒绝了，因为我认为由历史较久的施瓦贝出版社出版对这本书在德国的销售较为有利。秋天时我们搬到蒙泰韦尔德（Monteverde）的一间两房公寓里，位于乔瓦尼·潘塔莱奥大街（Via Giovanni Pantaleo）上，床铺与其他最必要的家具是一位德国雕刻师借给我们的。他在罗马给自己准备了一间公寓，当时人却仍住在德国，直到他自己也不得不移居国外为止。这时南美洲的波哥大（Bogotà）大学那里有一些希望，我们于是开始学西班牙文，教我们的是两位和蔼可亲的修女，她们是波哥大人，在罗马已经住了六年。

飞往伊斯坦布尔的航班

12 月，应施皮策的邀请去做一场演讲，也为了去探听一下有没有工作机会，我从布林迪西（Brindisi）经雅典飞往伊斯坦布尔。太太给我打了一份电报，告诉我与波哥大的交涉已经失败了。我在伊斯坦布尔这里的机会也极为渺茫。在 D. 的陪同下，我徒步游览了古老的君士坦丁堡，当天剩下的时间，我在施皮策位于佩拉（Pera）的住处受到了非常愉快的招待。我认识了米泽斯（R. v. Mises）、吕斯托（A. Rüstow）、赖兴巴赫（Reichenbach）以及其他的德国教授，他们都失去了在德国的教职，现在在土耳其的大学里教书。我也再度见到勒普克，他还是从前在马尔堡的那个"阳光男孩"的样子，没有改变。最棒的经验是跟施皮策的几场谈话，还有从大学前方的高塔上，俯瞰博斯普鲁斯海峡的壮丽景观。这已不再是我熟悉的地中海南方，如马赛、热那亚与巴勒莫这样的地方。在黑蓝与海绿的波浪后面，过了这辽阔的荒土，已经可以嗅到俄罗斯与东方的气息。回程的飞行中我们遭遇了乱流，只得二度在雅典紧急降落。一下飞机，我就立刻登上卫城。卫城笼罩在一种干涩却又饶富意趣的美感之中，神殿的大理石透着黄色调，与明亮无比又清澈至极的蓝色天空，构成了一种美妙的反差。博物馆展示的宝藏令人赏心悦目；几个日本人穿梭其中彼此拍照，在这样的氛围里显得像是一种不和谐的杂音。次日早晨我们乘车前往机场时，我们的汽车跟一辆农用车相撞了，驾驶员的脚受了伤，接下来的航程让我们心里五味杂陈。但是当我们飞越云端，希腊的小岛已经消失在视野中时，驾驶员很愉快地从夹克口袋里掏出《马可·雷利奥》（*Marc Aurelio*），一份罗马的搞笑报纸，在驾驶座上读了起来，好像他是坐在理发座上一样。

受聘赴日任教，告别德国与欧洲

在这期间，埃塞俄比亚的战争已启动了，几个月后机械化部队就以纵队队形开往亚的斯亚贝巴[1]。在罗马播映的一段新闻影片表现得非常清楚，那些光荣耀眼的英雄行径本质上就是机器。1936 年的复活节我们还跟一位德国的天主教徒有一次美好的汽车之旅，走访了沃尔泰拉（Volterra）、圣吉米尼亚诺（San Gimignano）与锡耶纳（Siena）。跟（美国的）北卡罗来纳大学的求职交涉没有达成任何结果；在意大利，就连只是求一个在大学教德语的职位也完全不可能。前面提到的到波哥大任教的计划，同样没有成功。就在这时，1936 年 6 月，我收到一份日本来的电报，通知我仙台大学[2]已经决定聘请我了，这个决定是九鬼教授居间帮我促成的。后来我才知道，德国大使馆与德国文化中心，出于种族政治的原因，都试着阻挠这项聘任，但是都没有达到目的。7 月，我们从罗马搭飞机，经过三个小时景

1　亚的斯亚贝巴（Addis Abeba），埃塞俄比亚首都。
2　这里指的是仙台的东北帝国大学。

色壮丽的航程越过阿尔卑斯山，到达慕尼黑。我们在我母亲的住处，也就是勒斯尔[1]的舒适公寓里落脚，这样可以不受干扰。我费了不少力气，请准了一张让我在意大利支领两千马克的信用凭证[2]，也从我被查封的银行存款里申领了两百马克出来，以便支付我在慕尼黑停留期间的开销；但是其他一切我从父亲那里继承的遗产，就都只能留在德国，永远失去了。我还在巴塞尔的布克哈特档案中心度过了两个星期美好的工作时间，在这期间我太太去探访她的父亲与姐妹，与他们道别。之后我们又去了斯塔别格湖畔的安巴赫（Ambach）玩了几天。在那里我们可以住在一间几十年来与我家熟识的宾馆里，不会受到刁难。P. 博士，一位从中学时期就跟我有交情的老师，也在那里度假，我们那几天相处得很愉快，他完全没有受到国家"崛起"的感染。他非常幽默地对我描述他与成长中的这一代相处的经验：这一代所接受的"品格养成"教育主要的成果，就是他们在任何地方任何场合，只要一有必要就会"上下一心"，可是假如状况有变，又能立刻改个风向上下一心。我也再度来到瑟瀚（Seeheim），从我家昔日的夏季别墅旁边走过，再从那儿往上，走到漂亮的侯尔茨豪森（Holzhausen）小教堂，教堂前面有一棵硕大的菩提树，这里有我一段无忧无虑的岁月的记忆，那是一段大战前的时光，如今逝去已久。我们当年的朋友几乎

1　勒斯尔（Rösl），根据下文的提示，可能是与洛维特家亲近的德国友人。

2　信用凭证（Kreditbrief），一种金融工具，通常用于国际贸易或商业交易中，以确保支付的安全性。

没有谁还保有自己的房子，只有勒斯尔一家人撑过了战争、通货膨胀与革命，守住了他们位于阿默兰（Ammerland）的房产。在慕尼黑，我与一位在哥本哈根认识的朋友西格丽德·克利斯滕森（Sigrid Christensen）道别，也告别了我的老师与老朋友伊森贝克（Esenbeck），还有玛丽安娜·瓦尔特（Marianne Walther），我早在慕尼黑自由学生会的时代就认识她了，她的第二任先生是律师，他为我处理事情向来极为友善，一直到连这点法律保护也被剥夺为止（从1938年年底开始，雅利安律师就不准再为犹太客户提供法律代理或咨商的服务）。我的出版商B.先生特地到慕尼黑来向我道别，还有我两个马尔堡大学的学生，旺达（Wanda v. K.）与F. K.也调整了行程，以便在我离开欧洲之前，还能在慕尼黑见我一面，然而后来他们为免自己受到伤害，就再也没有与我保持书信往来了。我们又乘飞机越过阿尔卑斯山、越过了炙烤成褐黄色的亚平宁山脉（Ketten des Appenin），回到罗马，在这里为前往日本的旅行做最后的准备。九月时我母亲又来看我们，她为我受聘到日本的事十分高兴，但她同时也觉得很悲伤，因为此去路途遥远，把我们分隔开了。[1]

---

1 洛维特的母亲一直留在慕尼黑，直到1943年被送往集中营前，在一临时转送营中服毒自尽。

出版商的困境

布克哈特专著最后的校读工作刚刚完成，我就收到瑞士出版商写来的一封措辞闪烁的信，告诉我他必须解除与我签订的合约。他说，他把我的稿件拿给一名德国记者看，结果这位记者向他保证，这样的书在德国根本卖不出去，甚至还可能遭到查禁。施瓦贝先生郑重地说，他不能拿出版社"良好的声誉"作赌注，但表示愿意帮此书找到另一位出版商。我回答他，如果他拿第三帝国的新闻出版原则当做声誉的标准，背弃他同乡布克哈特独立思考的精神的话，那么他这"良好的声誉"铁定就要落入凄惨的境地了。实际上我没有任何筹码可以强迫他出版这本书，至于新生出版社的 R. 博士不计较我原先的拒绝，仍然愿意接受这本书，这只能说是我运气好。[1] 事实上我这本书在

1　作者注：另外一家我从前出书的出版社［法兰克福的克洛斯特曼（Klostermann）出版社］，从 1937 年起就不再跟我结算卖书的收入，甚至宁愿对购书的订单置之不理，以便再也不必为一位犹太作者损失他们的颜面。［译注：这是指洛维特 1933 年出版的《克尔凯郭尔与尼采》（*Kierkegaard und Nietzsche*）一书。克洛斯特曼出版社至今仍是德国最著名的哲学专业出版社之一，《海德格尔全集》便由该社出版。该社网页记载，由于种族政治因素，他们 1942 年起将洛维特此书从出版目录中删去。］

德国的销售果然遇到极大的困难，也只能卖出极少的册数。这书虽然没有直接被查禁，但是被指明为"不受欢迎"，所以若要订这本书，读者与经销书店都得有勇气。

我们很快又去了波韦罗莫见了多拉（她是奥地利犹太人，因此必须于 1938 年离开她住了 20 年之久的意大利），在比萨与博希威茨重逢，在罗马与许多朋友告别，有安东尼（Antoni）、康提摩利（Cantimori）、坎德莉、莉莉亚·达波瑞（Lilia d'Albore）、真蒂莱、佩塔左尼（Pettazoni）、博纳尤蒂（Buonaiuti），蒂尔盖尔（Tilgher）与彼得森。最后几个星期就这么忙过去了。之后我们的家具又回到雕刻师那里去（他刚回到罗马），也是靠他的协助，我才能在里拉汇率崩盘之前不久，把剩下的意大利里拉弄到英国去。其他所剩的财物，都留给弗兰克尔夫妇了。在那不勒斯，我们还跟弗兰科·隆巴尔迪（Franco Lombardi）共度了一个美好的晚上。次日，也就是 10 月 11 日，他送我们登上日本邮船"诹访丸"号。告别意大利，我比离开自己的家乡还难过，因为在家乡，我连当个异乡人客居下来的权利都得不到。当然在这两年半里也有许多的烦恼，我们也时常感到疲惫不堪——因为写这些求职信，也因为这些渺茫的期待与全然的失望。然而这里也有充满享受、舒放感官的生活，有工作里的满足，有富于人情味的来往，畅快的出游，还有每一个在罗马的日子。

1936—1939

抵达日本

我在此略过 33 天的航海行程——从那不勒斯经苏黎世运河往科伦坡、新加坡、香港、上海到达神户，[1] 这是我们第一次前往东方的旅程，因而也是第一次有机会感受到英语系民族强大的势力。我们向来只到欧洲南方的国家如法国、意大利与达尔马提亚[2] 等去旅行，对于英美世界的殖民力量与自信自傲接触并不多。然而，对日本来说，尽管他们跟意大利与德国进行了暂时的结盟，英美向来才是真正有关键地位的国家。我们一到达，日本人便接待了我们，并且送我们到了仙台；其礼貌之细致，服务之殷勤，远远超过一切想象。大学配了一栋房子给我们使用，一月时家具与书籍也到了，我们于是很快就觉得像回自己家一样，甚至有时把"仙台"误说成"马尔堡"。新环境与大量异国印象的吸引力，使我们的生活得到新的动力，因此我们

1　洛维特这段路上的航海日记，连同他日后从日本到美国的船上日记，已于 2001 年出版（*Von Rom nach Sendai. Von Japan nach Amerika: Reisetagebuch 1936 und 1941*），参见本书《译者导言》第 10 页。

2　达尔马提亚（Dalmatien），克罗地亚南部、亚得里亚海东岸的地区。以罗马屋大维时代的达尔马提亚省命名。曾是奥匈帝国内的一个王国。

与妻子在仙台，1937 年

一开始并不感觉到自己的孤立（我们是除了库尔特·辛格先生之外唯一的德国人），以及这次移居所耗费的心力之巨。在仙台也住了一些传教的美国人，也有几个天主教徒（大多为加拿大人，有两个意大利人、一个瑞士人），我们后来才渐渐认识他们。

一个英国同事

　　在大学里我还有一位欧洲同事，60 岁的英国人 H.。他待在日本已经超过十年，算是有名的诗人——至少在日本人眼中是如此。他有一位比他年轻许多的妻子，崇拜他也为他打理一切，还有两只狗与近 50 只金丝雀。他住在日本，却一句日本话也不会说；他对这块土地的认识，大多来自从他房间窗户望出去的那一片光景。他饱读精致的文学，偶尔写一首诗，抽小烟斗，每日习惯喝两个小时下午茶，吃的食物也一成不变。他就是这样活在完全"私人的世界"里，只通过邮件与书籍订单才跟外在的世界有所联络。他喜欢旧式的书本插画，我曾介绍他买下全套从 1840 年起的《慕尼黑散页报》[1]。他有一套关于何谓"自由"与"人格"的确定想法，如果你愿意，他会很乐意把整套个人哲学说给你听。他的脸表情丰富，线条有致，颇有威严的鼻子落在两个大而前凸的眼睛之间，宽阔的嘴既精神盎然，又

　　1　《慕尼黑散页报》（*Münchener Fliegender Blätter*），一份幽默讽刺的刊物，刊有不少有名插画家的作品，1944 年停刊。

有美食家的味道。身体上的病痛被他当成理由与借口，以便一成不变地固守自己的生活方式；他把这样的生活方式升华成一种疾病的赐予。1938 年夏天他回到英国，随后又到了美国。日本人对他评价很高，因为他完全让日本人维持自己的模样，而且丝毫不从他们身上学任何东西。

仙台的意大利官员与德国政府顾问

我在仙台也遇到过意大利人与德国人。1937 年年初，意大利官员图齐[1]（我在罗马就已经在真蒂莱家里认识了他）来到日本，任务是要成立一个意大利文化机构，同时发表演讲，介绍他在西藏研究旅行的结果。他也到我们的大学来，并顺便拜访了我们。话题转到德国的种族政策时，他表示，这种蛮族的行径完全不可能发生在意大利。他用英文演讲，声音嘶哑，每两句话就有一句在强调他的研究结果是多么重要、意义多么重大。日本人对此颇为惊愕，因为他们所习惯的礼节要求一个人应该完全不提自己——如果一定要提，那也应该使用贬抑的语气。演讲全程他没有一个片刻是静静站着，如果投影的图片颠倒了的话（大多数情况都是如此），他会立即露出强烈的不耐。他整个人从头到脚都在表达与表演，因此没有比他这样更与日本风格背道而驰的了。"日本人似乎都很忧郁。"他太太这么说。

1　朱塞佩·图齐（Giuseppe Tucci, 1894—1984），意大利著名东方学者、藏学家和探险家。

同一年施普兰格尔从德国来到日本，有一位日本翻译跟在他身边，陪他做所有的演讲。不到 12 个月的时间里，他做了不下 80 场演讲。大多数演讲的功能，是为刚出炉的德日友谊充当一种文化哲学的装饰品。当我在日本的美国报纸上读到关于这些演讲的详细报道时，一开始并不能理解，这位 1933 年交出了告别信[1] 的先生，现在怎能摇身一变成了纳粹德国的代表，这还是同一个人吗？他甚至甘愿丢弃他的文化修养，来说服他自己与他的听众：德国与日本（他在抵达之前对日本的认识仅仅来自几本书）有一个共同的历史任务，也有深远的亲缘关系；日本武士对应普鲁士的军官，日本的牺牲精神对应日耳曼的英雄气概，武士道对应日耳曼的荣誉信条，日本的祖先崇拜对应新

　　1　"当人们为这重获的德国感到欢欣之时（在 3 月 21 日这一天，几乎没有任何别的地方比在德国大学里，更能让人如此纯粹又完整地感受到这重生的德国）又有一片沉重的阴影落下来了。撇开这些大学的基本法所承受的深远变革不论（这基本法的细节还没完成到允许评论的地步），每一位教师所忙碌的，自然是他与学院里的青年的关系。他最内在的生命、工作与影响的真实性，都取决于这份关系。令我忧虑的是，全体学生——他们不久前获得了一些带有责任的权力——对于教授们开始采取一种态度：这种态度奇怪地令人想起梅特涅（Metternich）面对学生与教授时所采取的立场。我在伦理上崇奉元首领导制，现在却对其力量充满了极端严重的忧虑——倘若校长与部长都无力废止一份呼吁。这份呼吁尽管用意是良好的，里面却包括了几句话，使得即便民族意识最浓厚的人也不得不感到最严重的冒犯。这些以及类似的状况，连同从普鲁士其他大学传来的消息，让我产生了一种感觉：我似乎再找不到通往新的一代的路径了。数天之前我私下得到的一份消息，证实了我这种感觉：部长先生在柏林大学为政治教育学设立了一个机构与一个正教授的讲座。既然在这样重要的工作上完全没有考虑到让我参与其中，这不得不使我确信，我的教学工作对于我们普鲁士的国家已经失去意义了。我多年以来饱受左派的压力，所盼望的就是这个时刻，盼望能看到我面前的听讲座位上坐着一群与我在民族意识、国家与民族情感里合而为一的听众，所以这件事使我心中更是充满最深的痛苦。艾德华·施普兰格尔。"［《德国大众报》（DAZ, 1933 年 4 月第 28 期）］

德国的种族思想，以及其他更多的蠢话。看起来现在的施普兰格尔硬是找到了那条"通往新的一代的管道"。1933 年他曾表示遗憾，他找不到这条通道。然而，在我一开始无法将施普兰格尔从前与现在的行为联结起来的时候，我当做考虑起点的那个二分法选项，是有欠妥当的。因为一般的德国国民根本没有面对过"要坚决肯定纳粹，还是应该拒绝它"这样的问题。反之，他的情况可能是卡在一个难关里面的——事实上他是一个德国人，又必须在德国继续生活，所以不管对此高不高兴，他也只能接受。这种普通国民太过于无害，所以根本激进不起来。同理，施普兰格尔一定也由于类似的想法，所以放下了他的顾忌，而把自己投身于一件任务之中，并将之视为一种爱国者的义务，更何况这项任务既是一件光彩的事，也使他能够一整年无须见到柏林的同事们。这位好政府顾问（Geheimrat）正是一位典型的德国学校老师，他的作为基本上跟 1933 年所有的德国人没有两样，他们当时虽然在短暂片刻里面临"我是否应该从中退出"的问题，但随即又想出了"更好的做法"，于是便跟着大家一起扛起一件恶劣之事的责任——沙赫特[1]、诺伊拉特[2]与巴本都是如此。没有人喜欢放弃一份已经习惯也作得很好的工作，只要这工作还有可用之处。德国的文化政策懂得利用这一点：如果

1　亚马尔·沙赫特（Hjalmar Schacht, 1877—1970），德国经济学家、银行家与政治家。纳粹初期金融经济的灵魂人物，后来与希特勒分歧，遭到清算。

2　康斯坦丁·诺伊拉特（Konstantin Neurath, 1873—1956），曾任纳粹德国外长，后任波希米、麦伦等占领区的首长。1946 年在纽伦堡大审被判刑 15 年。

这类先生们在国内感到难受或者无处发挥，当局就把他们派到国外或者边境的职位上。像劳施宁那样坚决又眼光清楚的人是很罕见的。从德国人的心理角度来看，如果施普兰格尔与其他人到了外国，却为他们在国内根本不关心的东西代言，这并不值得奇怪。基本上施普兰格尔是一位教授、一位理想主义者，也是一位学养深厚的人，因此我们不能太过期待他在政治上有清楚的洞见。有次在哲学院院长家一起用餐，用餐结束后，他私下把我拉到一边，向我倾诉，他如何深受东京的德国文化中心与柏林的纳粹领导的密谋与暗算折磨，也对我描绘德国大学的沉沦。施普兰格尔在仙台演讲的结尾处所说，很能说明他所代表的文化的那种褪了色的理想主义：他一如预期地引用了歌德的《西方与东方合集》（ *Westöstlicher Diwan* ），而且是那一行有名的诗："东方是神的，西方也是神的。"不过事实上两边都属于魔鬼。他在返回德国之前，很友善地给我写了封信，信里每一句话听在德国人的耳朵里，都像是源自那个早被尼采认为已经消逝了的"文化的国度"。他写道："现在很适合读几行《赫尔曼与多罗泰》[1] 里关于漫游者的诗，再配上荷尔德林的命运之歌[2]。知道这驱赶我们、又将我们驱散者，并非偶然的厄运，而是世界的历史，不能不说是某种慰藉。如同在战争中：'这是为我，还是为你？'最终却是为每一个人。……人们把家乡放在

---

1 《赫尔曼与多罗泰》（ *Hermann und Dorothea* ），歌德于1796年创作的叙事诗，共九卷。

2 指《海伯利安的命运之歌》（ Hyperions Schicksalslied ），荷尔德林于1797—1798年所作的一首诗。

心中带走。最终而言，一切人间的漫游者（Erdwanderer）也都是远走他乡者（Auswanderer）。"谁还会惊讶于德国知识分子的溃败无能呢？一股强横的力量闯进他们温柔的牧栏之内，要求他们表明心迹，可是对此他们既无准备，也无能力。

施普兰格尔之后，是法学学者克尔罗伊特（Koellreutter）到日本来当客座教授。他是纳粹，所以我的日本同事很明智地没有将我介绍给他，我只听了他的演讲。他的演讲非常琐碎无聊，就连日本人也不保留地批评了起来。演讲中他用一个图形来表达人民与领导上下一体：图形的尖顶表示元首，从尖顶画一条代表纳粹党的垂直直线下来，向下连到表示人民的宽阔底线上。在一次偶然的机会里我也听到，基尔大学的讲师格拉夫·迪克海姆（Graf Dürckheim）受文化部的指派，也到日本来研究他们的民族教育。这个聪明干练的人在战争期间[1]曾经跟我在同一个旅，我们因此结识。我希望能跟他谈话，也很可惜没能在轻井泽（Karuizawa）碰到他，所以写了一封信问他是否可以在东京见个面。他的回答颇念同袍之情，但是他强调即将返回德国，时间不够。我因此把我的问题在信上写明——这与德国方面针对我在仙台的职位所采取的行动有关——请他从船上给我作个回复。但我什么回音也没收到。

---

1 指一战。

日本的德国流亡者

德国的犹太人与流亡者几乎都住在东京。这些人里面，我只认识那些夏天来轻井泽的人，他们有些从前是德国公司的代表，在日本已经工作了数十年。现在他们失去了公司的职位，也丧失了经济上的地位。在日本的德国人圈子里，没有谁仍与他们来往，而这其中还包括那些曾经跟他们在战俘营里一起待过好多年的人。知名的音乐家如列昂尼德·克罗伊策（Leonid Kreutzer）与罗森施托克（Rosenstock）被几所日本音乐学校聘为音乐老师与指挥，使"一体化"了的德国人圈子甚为愤慨。另一个流亡者当开业医生，他告诉我，某次一位纳粹党员来看诊时向他表示道歉，自称并非"真正的"纳粹，而是一个"体面的"德国人。另一方面，德国女人若来他的诊所看诊，就会被其他"体面的"德国党员女士监视并告发，然后受到难堪的审问。1938 年 11 月之后，还有最后极少数的几位流亡者到日本来；他们在这里等待，直到能够继续前往美国。在这一组人里，我认识了著名的经济学家奥本海默[1] 以及他

1　弗兰茨·奥本海默（Franz Oppenheimer, 1864—1943），德国社会学家、政治经济学家，主张自由的社会主义，因此获罪于纳粹政府。

一半雅利安血统的女儿，此外还有两对混种婚姻的夫妻。从他们那里，我首度得知关于 11 月这些日子以来的进一步的细节，以及最新的迫害犹太人的手段。我只能说，这些消息完全证实了国外的"恐怖宣传"的内容都是真的。他们都在集中营被保护监禁达数周之久，然后被强迫迁移国外，但是不仅必须留下全部财产，连想携带的任何内衣与衣服，也必须在带走之前支付其全额价款。甚至连私人的首饰也遭劫掠：在离开德国之前，他们必须证明已将这些首饰卖掉，并且把所得的钱缴入自己已被冻结的存款户头里。75 岁的奥本海默心里炽烧着一股旧约般的愤恨，因为"复仇是必须的"，他希望有生之年能见到敌人的毁灭[1]。大多数人在镇静与忧虑中扛起了他们的命运，谁要是在职业上还能维持生计，就会尽可能忘掉这一段经历，除非他们还有亲人在德国，不得不为他们逃亡的事情忧心。

集法学学者、哲学家与社会主义者于一身的 St.，是个自成一格的怪人。他曾在洛桑、柏林与东京当过大学教授，但由于执拗、政治暗算以及跟女人牵扯绯闻的缘故，这些职位也通通都失去了。他在东方渐渐走到完全落魄的地步，又在日本死了儿子，最后落到无人照料的悲惨境地，在手稿、书本与残羹剩饭里勉强地度着他的余生。下午稍晚时，他总会带一把日本油纸伞、一根散步手杖，肩上斜披一个袋子，脚穿高筒橡胶鞋，从他十分偏僻的木板拼装小屋里走下来，进到村子里买东西。

---

1 奥本海默死于 5 年之后的 1943 年，不幸未能如愿。

他的头很大，给人印象很深刻；他的眼睛似乎带着一点茫然，但你也可以说那是一种介于良善与邪谑之间的神气；他牙齿已经掉光，柔软的嘴边挂着一抹过度奢华淫逸的人才会有的浅笑。跟他和平相处是很困难的，因为他总是容易反应过度。他活在一些自认很现代、充满未来性的理念里，但是这些理念早在百年之前便已走入历史。他唯一的雅利安朋友，是一个友善的维也纳人。这位朋友早在战前[1]就来到日本当老师，出于自己对文化与学养的渴望，希望在 St. 身上找到一个有力的支柱。他虽然不算流亡者，但是他的思想观念却比大多数避居国外的犹太人更像个流亡者。他热烈地阅读一切反纳粹的报纸，整套纳粹思想对他来说就是残酷与恶心的化身。当德国部队开进奥地利的那几天里，我在一间招待滑雪者的旅店里认识他的时候，他正绝望地读着一本在德国被查禁的韦尔弗[2]的小说。整个东京除了他以外，只有两个德国老师没有加入纳粹的教师联盟：其中之一是一位风趣的撒克森人，另一位则是 60 岁的 P. 博士——他跟德国大使馆以及所有的纳粹人士都闹翻了。

1　此处指的是一次世界大战。

2　弗朗茨·韦尔弗（Franz Werfel, 1890—1945），奥地利犹太裔文学家，1933 年流亡美国。

轻井泽的纳粹

就算在东方，纳粹的十字章也无所不在。住在东京的德国人跟所有外国人一样，夏天都到地势较高、环境也更好的轻井泽来度假，一起密集地住在"匈奴小林"（Hunnenwäldchen）里。每年八月，纳粹教师联盟都会办一场会议，主办人是德日文化中心的秘书长 D. 博士。有两个参加此会的教师碰巧是我在马尔堡就认识的，一个是 K. 先生，曾跟哲学家哈特曼读过书，另一个是 S. 先生，从前还是瘦弱青年之时曾跟海德格尔与弗里德伦德尔念过书，现在却已变成肥胖而松垮的男子，几乎让我认不出他来。他们两人原来都奉人智学为世界观与精神指导，但后来就放弃了鲁道夫·施泰纳（Rudolf Steiner），改信了希特勒，并且对自己的过去守口如瓶。K. 先生一开始装作想不起我是谁的模样，S. 先生则很尴尬，马上向我道歉，说他实在是太忙，所以早先不能来看我。这两人都在纳粹党里担任职务，但真正危险的是 D. 博士——德国在日本的"文化守门人"，他能说不错的日语，甚至也能阅读，因而有加倍的影响力。早在 1936 年，他就已经暗中阻挠过我受聘的事，现在则努力让我的合约无法延长。不过在此事上他运气不好，因为我第一份合约终止的时间，正好碰到德国与苏联签订协定、日本的舆情随之翻转的时候[1]。D.先生的外表像个瘪三，什么样子都能摆，就是摆不出一个日耳曼人的形象。实则他属于德国大学系所里典型的助理类型：有职务狂热、全力经营、凡事先考虑上级、小中产心态。他总是臭着一张脸，脸上占主要地位的是一个截然前突的鼻子，以及一张难看的嘴；柔软的下巴则与他下垂的肩膀颇为相称。当他把臂膀向前伸出，再用他因演讲过多、吸烟过量而嘶哑的嗓门说出"希特勒万岁"之时，你只能说那真是一幅可怜的景象。不过他在组织工作上是十分积极的，为了达成宣传目标所投入的精力也十分可观。你总是看到他在办事，他把自己累得不成人形——为了新的德国文化而服务，也为了自己的晋升。

我在轻井泽听了一些公开的演讲，演讲者里除了D.，还有日本的民族主义者藤泽亲雄（Fujisawa Chikao）、鹿子木员信（Kanokogi Kazunobu）。他们用孔子来诠释希特勒，又用希特勒来解释孔子；他们向彼此伸出轴心之手，跨过了一切种族与文化间的深渊。不过有一次，德国人也感觉受不了：藤泽亲雄把日本与中国的关系，拿来与德国和奥地利的关系相比较，并深表惋惜："把中国'联结'[2]起来是稍微困难了一些。"D.先生对此略

1　轴心国都是右派政权，向来与左派的共产主义相左，因此德苏的协议被认为是一种背叛。

2　"联结"（Anschluß），纳粹典型的修辞，表面上指奥地利自愿加入德国，实际上是德国"兼并"奥地利。

带嘲弄地回答：奥地利的公民身上流的毕竟也是德国的血。藤泽亲雄于是修正了他的论题，改成："中国应该服从日本的领导。"这两位日本人（两者都是大东亚主义极有名的代表人物）都毫无顾忌地援引希特勒的《我的奋斗》、罗森堡与格里克——世界应该借由日本而痊愈，就像欧洲借由德国而痊愈。不过他们之间也有差别。你永远看不出来，日本人对德国人的好感究竟到达什么程度；而德国人总是以高高在上的师长自居，认为有必要让日本人明白其任务何在。德国人这边的演讲里总是明确表示，他们对于日本与中国作战的结果怀有疑虑；反之，日本人则对德国的强大力量行礼鞠躬，演讲结束时也喊"希特勒万岁"。还有一件事也鲜明指出德国这种自认是日本监护人的心态：D. 先生谦退地说："日本的世界史使命并非由我个人来相信（或怀疑）——元首已经做出了决定，我们只是在追随。"也就是说，在承接了"命运"之后，在责任的重担之下，如英雄般奋力地追随着，但愿这命运对日本与德国能存有慈悲。此外他们谈很多"身上流的血液""遗传""先祖""自由主义""世界观"之类的话题，D. 先生还写了一本书《日本文学中的英雄本色》（*Das Heldische in der japanischen Literatur*）。1938 年，德国派了 30 名希特勒青年团成员到日本各地旅行，目的在于向日本人展示德国人的品质。他们行军穿过轻井泽时，P. 博士对我做了个很正确的评论：

这可是一支"救世军"[1]；要把一切思想从脑袋里赶出去，没有什么办法比无止无尽的行军与歌唱更为有效。之后，D. 先生跟他手下的教员们再用长达数小时的学术演讲，为这些干净的年轻人补充思想。德国领事也来讲过一堂课，让他们对政治局势有个大概的了解。演讲中领事预言蒋介石将会随着汉口的陷落而垮台。某日我从演讲厅附设的餐厅旁走过，听到里面说着"同志情谊""荣誉""忠诚""纪律"与"战争体验"这样的话。

1　救世军（Heilsarmee），指一种新教的自由教会，由卫斯理宗的威廉·博特（William Booth）牧师与夫人凯萨琳（Catherine）于 1865 年所创，原名"东伦敦基督传教会"，于 1875 年改称"救世军"。该教会仿军事制度，所谓"军官"就是牧师。

我在日本与德国人的来往

　　还敢跟我保持往来的德国人很少，他们分别是两位新教传教士 Hg. 与 Hl.，被德国人社群排拒在外的 P. 博士，R. 女士、B. 博士和 Sch. 博士，还有德日混血的 U.，他的太太是德国人。Hg. 是一位信奉基督教的日本人酒枝（Sakaeda）介绍给我认识的，他分别在蒂宾根（Tübingen）跟卡尔·海姆（Karl Heim）、在苏黎世跟埃米尔·布鲁纳（Emil Brunner）读过神学，因此也读过几篇我登在《神学评论》（*Theologischen Rundschau*）期刊上的文章。他是一个身材很高的漂亮年轻人，但是双手出奇的粗糙，气质举止过于世故。在我看来，他完全无法胜任他传教的任务。他以极大的热情一头冲进这陌生的环境，在很短的时间内学了许多日本的事物，不管做什么事都轻浮随便。他行事的立场有时是"基督徒"，有时又是"德国人"，视场合而定。政变一开始时，他就加入了党卫队，后来却宁愿留在瑞士完成他的学业。我把一本在德国遭到最严厉查禁的劳施宁的书借给他看，他把书还我的时候，坦然承认这本书让他很受感动，甚至认为连像 K. 这样的党内同志，在某种情境下可能也会对这书大为赞赏，不过他宁愿不去请他注意这本书，因为这会超过他的"道德勇气"可承受的程度。至于 Hg. 先生如何面对犹太人问题，我已经在其他地方叙述过了。[1]

　　Hl. 则是一个完全不一样的人。他不依靠任何人，为自己构建了毫不妥协的生存方式。他坚守宣信会的信仰，也因此失去了他在德国教会里的牧师职位。他在日本高中的教师职务，也由于德国大使馆方面的运作而遭解除。他与德国官方机构的争斗从来没有停过，他在布道演讲里，对德国的集权主义与日本的天皇体制都有无畏的抨击。他在日本人中推广他自己的小教会，从来不知疲倦；顺带一提，这个小教会仅由几位德国的"犹太人与异教徒"组成。战争爆发之时[2]，他做了一份公开声明，表明拒绝以任何形式为希特勒的政府服务——他指称这个政府是反基督的。当我把 Hl. 的决定点出来给 Hg. 看的时候，他的回答是，他不认为自己有必要判断希特勒的政府是不是一个反基督的政府，再者，要在基督徒与德国人两种身份之间划出界限，是一件非常困难的事情。他虽然颇赞赏 Hl.，但是惋惜他缺乏一般人的现实感。而正由于这种现实感的缺乏，使得 Hl. 比起那些到日本各机关单位毁谤他的纳粹党员全部加起来，都更像个真正的德国人。他属于那种具有青年路德精神的牧师类型，是一位表达抗议的新教徒，也是巴特一位有实践力的学生。

1　见本书第 29 页。
2　指 1939 年 9 月德国入侵波兰。

进行抗议的，还有一位原为天主教徒的 P. 博士，只要一有机会表达对这个目前称为德国的蛮人集团的鄙视，他蓝色的眼睛就会闪亮起来。他年轻时原本在巴黎担任《科隆日报》（*Kölner Zeitung*）的通讯记者——在那个通讯记者还不需要由大使馆指定报道内容的时代。接着他到了中国，最后来到日本，在这里成了佛教徒，在担任一所高中的德语老师之余，也研究佛教的诸教派。他是一位有学养的人，生性热情，也很乐于助人。德国的局势使我自觉在许多方面与老一辈的人，如 P. 和库尔提乌斯较为接近，而不是跟那些在德国的年龄与我相近的人。

轻井泽的许多小屋，都只在夏天时才有人住。在这些小屋之间，耸立着一座高大而坚固的别墅。光从它高挺、尖凸的三角墙就可以猜出来，这是一栋属于德国人的建筑，房子名叫"阳光之屋"，主人是一对没有小孩的 R. 夫妇；他们在日本已经住了几十年，横滨的德国高中就是他们亲手创立的。先生仍担任学校校长，也因职务之故而与纳粹党有联系。太太则在轻井泽自立更生，不畏一切困难地（她是当地唯一的外国人）让别墅全年无休地开张。她的客人主要是德国人，所以也都是纳粹党各式组织的人员，然而她自己则因为一个兄弟被迫流亡的命运，因此深深厌恶纳粹党圈子里的不知宽容与冠冕堂皇的空话。她性情善良但略嫌软弱的先生养成了一个习惯——总为了学校里繁重的工作与各式纷争而叹气，而实际上他跟绝大多数在日本久住的外国人一样，过着极为舒适的生活，因为他领的外国薪水，远远高出在德国国内的教师薪资水平。他的政治观点也是普遍常见的。R. 太太以德国北方人的精力营运着这座宽敞的别墅，别墅的设施与供应的餐点在各方面都符合德国人的习惯。她对待日本仆人与当地机关人员的方式错得十分离谱，因为她毫无意愿用同理心来适应异邦的情境与日本人的心理。德国人总是要别人按照自己的方式来做，跟那些务实得多的美国人正好相反：美国人会在办得到的范围内将自己纳入外国的情境，但也不因此而舍弃自己的生活方式；他们用这种办法来回避难以化解的差异与摩擦。但是，尽管 R. 女士喜欢发号施令又严以待人，骨子里却是一个细腻而敏感的人。她的躯体肥胖，却由纤细而瘦弱的双脚支撑着，在这一点上颇可与她的灵魂相比拟。

在家里发生一些麻烦、糟糕的问题后（我们的女仆在圣诞节后的一个晚上突然跑掉了，再也没有回来），我们希望能到 R. 的房子小住散散心，于是询问这是否可能。在正常的情况下这根本不是问题，但是由于种族政策造成的隔离以及随之而来的种种麻烦，一个德国人在一间德国民宿登记住宿，竟变成了一件很棘手的事情——不只对我们是这样，对 R. 女士也是一样。为了避免我们与庆祝新年的德国客人碰面，她请我们晚一点再过来，并表示对这一切感到遗憾。我们过去时，唯一还在的客人是德国领事的太太。她知道我们要来的事，也毫无顾忌地与我们碰面。一般来说，领事馆与大使馆的高阶官员比起纳粹的高干来说，其纳粹立场是比较不那么死硬的。我们在两个礼拜的时间里，每天享受着这座温暖舒适的房子、冬日的阳光、浅间山上的漫步小径，也与 R. 女士结成了好友。她让我们感受到，自然而未经扭曲的人性，仅在一日之内，就让那些在德国被视做不可更易的教条显得如此荒谬：所谓的"外邦人"与"同族人"之间的对立，不同种族、血统、土壤的对立等。这通常只有在难得的例外情况下，例如住在 R. 女士这里的这些天，一个人才能明白过来，这些规定有多么疯狂。

在我们到滨海的高山市度过的第一个夏天，我认识了 B. 博士。他虽然是一个血统纯正的德国人，但一点也没有对纳粹的认同心态。他在一所高中已经教了 15 年的德语。他告诉我一些德国的驻外机构重要人物的事情，而且措辞之粗鲁与直接，几乎让人起疑。他痛恨这整套运作，来高山唯一的目的，就是避开纳粹教师联盟的大会。他对这些人大加嘲讽，说这些人即便在"这片野地里"（他指的是日本），也不懂得自由独立地过日子。他常来拜访我们，说话口无遮拦，也自由抒发他易怒的性情。他读过梵文系，也想在德国完成东方学的就职资格，但是在一战后失去了财产，在政治上更落入了危险的境地：他属于莱茵邦的分离主义团体，想从德国独立出来。当他觉得情势太过棘手时，便接受了在日本的职位。从那以后他便住在这里，独立生活，也通熟一切门道。他看人只看对自己有利还是有害，以这样的方式来谋求自己职位的稳固，以及他家庭的未来。他把一个儿子安排到东京的一家公司里，第二个儿子还在德国读书，女儿则留在父母身边。考虑到万一要"重新进入"德国，必须努力争取给自己保留一个好位置，所以他很重视跟

D. 的和谐关系——D. 在这类事务上是决定性的人物。他从 D. 本人那里听到过一些 D. 如何用计攻击我的职位的事，便也把这些事情讲给我听。1939 年夏天 B. 又到轻井泽来，目的是要维持好跟那些重要先生的关系。如果觉得时机正确，他也能毫无顾忌地向他们告发自己不喜欢的一位同事。相互间的监视与揭发，反正是在日本的德国人圈子里每日上演的节目。有一次我问他，他怎么能跟 D. 先生保持这样好的关系，他就摆了一个意有所指的手势回答我：金钱比血统绑得更牢靠。他曾用一笔可观的资金资助过 D. 先生，而 D. 先生没有理由忘记这件事。另一方面，他请 D. 介绍他上电台，做了一系列关于纳粹世界观的演讲。尽管这些东西他自己一个字也不相信，但是"20 分钟的胡扯换 50 日元"，这样的报酬可不容小觑。简而言之，那些人值得他怎么对待，他就用哪种方式对待他们。我也不能否认，我见他越多次，就对他越有好感，而且并不只为了他对我个人的善意与一些有益的建议，也因为他的犬儒主义和机灵狡猾无疑是有格调的。当对波兰的战争开始时，在轻井泽的德国人正等待着大使馆的指示，以便知道自己该怎么看这件事。这时我在街上遇到他，听到他用四下可闻的响亮声音对我喊："对啦，吐口水，这次英国会给希特勒来个全盘整顿，他那些德国人再度要泡在一个大幻觉里面了。"但是他自己不会二度趟这滩混水了，如果他的儿子们可以赶上的话，对他来说就够了。其他德国人却认为，14 天之后事情就会结束了，因为英国是不敢打这场仗的。但是在日本的美国报纸上的消息，使他们的脸上有了尴尬的神色，而在德苏出大家意料之外签订协定之后，他们更忙着把额头上的皱纹再多折了一层——这德苏协定可是劳施宁在两年之前就已经准确地预告了的。藤泽亲雄与鹿子木员信，以及其他许多日本人，一下子看到自己的希望落空了；数以千计宣扬日本与德国的"世界史任务"的资料（即推翻布尔什维克主义的小册子与书籍）于是变成了废纸。"所有人的脸都完全变了，以配合这些实际上改变了的局面！尽管有些人足够灵巧，能融入这新的局面里，但是他们确实是一肚子的愤怒；而有些人则站在一边，冷冷地看着。"〔布克哈特 1871 年写给普利安（F. v. Preen）的信。〕

跟 B. 强韧的精神相比，Sch. 博士的胆小恐惧正好相反，他是小心与退缩的化身。他也在变革之前很久便已经来到日本教书，在此之前他跟着卡西雷尔与李凯尔特学习，一直到 1933 年以前，一切都很顺利，但是从那以后问题就来了，因为他太太是犹太裔。她的叔叔，精神医师与心理学家 B. 帮我写过一封推荐信给她。此外经由 St. 博士还牵连起了另一层关系；St. 是 Sch. 的大学同学，现在人在英国，没能找到任何职位。Sch. 在给我的第一封信里（主旨是要为我们共同的朋友 St. 找个着落）就要我注意，他是纳粹教师联盟的会员，并不是犹太人，所以他只能间接地帮 St. 一点忙。为了使他们已然危险的处境能不再恶化，他与太太不得不尽可能掩饰真相。他们掩饰得如此彻底，连他太太也避免在公开场合继续与她的犹太裔朋友们见面，以免危及先生与孩子们的地位。她的孩子们上的是德国学校，必须在希特勒青年团里忘记自己的母亲不是雅利安人。为了避开德国的党组织，他们夏天不在轻井泽度假，而是去田场湖，他出席教师会议时就是从那里过来的。他是一位颇有涵养的、实际而清醒的人，凡事都不会过度投入，因而能保持自己的平衡；在他太太身上则可以清楚看出她的日子十分艰苦，因为她为了这虚构的地位身份不断地做些反应。

　　U. 一家的处境也是同样的困难。U. 的父亲是德国人，母亲是日本人，他太太是德国人，他们的孩子则有混血儿的外表。他们是友善的人，以良善的本意接受了一体化，但也永不停止地到处打听又到处传话。因为他们不知道自己属于哪一边，他们可以跟一体化了的德国人与被排拒出去的人保持同样愉快的来往，所以他们跟两边都很合得来，也乐意照着别人的意思来说话。作为一名混血儿，U. 在德国的本行里是没有机会的（他是植物学家，专攻马铃薯的栽种），于是在一所日本学校里当德语老师——尽管他有日本人的外貌，却仍须把日文从头学起。这对夫妇的经历犹如一出悲喜剧：他们体现了德国与日本的友谊，却也因此在德国人与日本人两边都失去着落，因为没有一边认为他们完全是自己人。

1936—1939 年的德国局势

在 1937—1938 年的冬季里，我的母亲在维也纳跟她的兄弟姐妹住在一起，最后一次享受家乡与所剩无几的自由。当时没人相信德国有可能在意大利不出面反对的情况下吞并奥地利，奥地利内部虽然有些动荡不安，但是大致看来舒希尼兹[1]领导的政府似乎可以撑下去，而且愿意并入德国的奥地利人无疑并非多数。我一位奥地利籍同袍的遭遇，可以表明当时的局势：他是梅尔克（Melk）一所普通中学的老师，而且因为他公务员以及从前的军官身份，很自然地站在政府这一边，他认为政府威权但温和的路线是有益也是正确的。然而德国部队开进奥地利之后的一天，他被人秘密举报，于是被解除了教师的职务。为了能够养活食指浩繁的家庭，他不得不申请行政救济，以便能重回学校任教。过了几个月，当局考虑到他曾经参战受伤，因

1　库尔特·冯·舒希尼兹（Kurt von Schuschnigg, 1897—1977），1924 年起担任奥地利总理。他的目标在维系奥地利的独立，避免德国兼并，但是没有成功。1938 年 3 月被迫退位，随即遭到逮捕，1941—1945 年在集中营度过，之后移民美国，直到 1967 年才又回到奥地利。

此批准了他的申请，以调回原职的方式，把他派到一间乡下的小学校。他给我的最后几封信里面有一些难以解读的暗示。后来我再也没有他的消息了。我母亲的三位兄弟被迫卖掉他们数代以来经营的工厂。幸运的是，他们当中有人有儿子在美国，还可以前去投靠，但是财产就全部损失了。我母亲的一位姐妹跟在林茨的一个雅利安德国人结婚，现在必须与先生和女儿分开，搬到维也纳，等待着，不知道未来会是如何。她一个70岁的兄弟得到在瑞士的朋友收留，他的雅利安太太则留在维也纳。这个枝叶繁盛的家族，在三代人的辛苦奋斗里取得了财富与文化教养，现在崩溃地如此彻底，无需我多加渲染描述。有一位被驱逐、现在住在纽约的舅舅在写给我的信上说，他希望还能见到英国与法国号令德国接受和平的那一天。谁要是经历过在维也纳发生的这许多事，就不可能再对德国人无耻地为波兰的战事大呼小叫有丝毫的理解与认同。而所谓的"维也纳人黄金般的善心"，也是一去不复返了，因为谁要是能做一次这种事情，就永远失去了别人的信赖。他再也不愿意回到维也纳，就算他们再度准许他在普拉特[1]散步也一样。他花了整整一年才克服所经历的这些事，已经受够了。

　　构成奥地利之可爱可亲，以及奥地利人之温暖魅力的那种精神，德国人将之拔除殆尽，再当做"大德意志"的一部分吞并下来——其手段之激进彻底，不下于他们对犹太人的毁灭。

　　1　普拉特（Prater），维也纳的市区，临多瑙河，有许多公园绿地的休憩区。

许多人有意地把这种吞并称之为"联结"，好像一个国家在被人入侵，被军事占领，再被肆无忌惮地掠夺过后，就会愿意加入另一个国家一样。在奥地利遭受这种强暴之后，我再次失去了我的故乡；我们原本以为至少还能在那里再度拥有一个自己的家，现在这种念头也被永远地打消了。我的书散布的范围如今也只能局限在瑞士——既然德语的读者圈在形势的强迫下不复存在，要再用自己的语言写任何东西，也已经失去了一切意义。

维也纳之后是布尔诺[1]，布尔诺之后是布拉格，英国的软弱退让政策才终于有了反转。布尔诺与布拉格的事件使迫害犹太人的工作进行地更为激烈，也使得意大利承接了德国的种族法令，因为该法令的首要目的似乎在于防止难民涌进意大利。1938 年 12 月，我收到德国总领事办公室的通知，要求我把护照寄过去。他们在护照的第一页上盖了一个红色的 J 字印章，好让所有的办事单位立刻有个凭据——持用此德国旅行护照的人并非德国人，而是一个犹太人。此外他们也强迫我作出声明，内容是我已经接受并使用第二个"以色列"姓，这个姓也被注记在护照上面。准许使用的姓只有像"阿比塞"（Abieser）、"阿比梅勒"（Abimelech）、"阿哈夏"（Ahasja）等没人使用也没人听过的姓，而所有大家熟知且基督教常用的圣经人名，都不准使用，好让犹太人的外邦人形象更加凸显出来。大多数

---

1 布尔诺（Brünn），捷克第二大城市，仅次于布拉格。

德国人（如果他们真有注意到的话）大约只把这两项措施当成一种政治手段来看待。而且既然犹太人改变姓名搞伪装同化的时代已经过去了，为什么不在犹太人护照上加注其犹太的身份？只有被这项规定损害到其全部存在与本质、被其蓄意折磨的人，才能正确衡量这项新法令有多么粗野与卑鄙——强制我们冠上一个我们从来不用的姓，又给我们盖上印章，这其中的意思用德文来表达就是："瞧瞧这个家伙！小心啊，他不属于我们，而是人类的残渣；你们可以对他做任何事，随你们高兴！"即便这本犹太护照在当前的战争局面里对我的用处仍然大于坏处，但无论在当时或现在，我对这种措施都只能有一种反应：我要甩掉这本德国护照。我借此要摆脱的，并非我的犹太出身或姓名，而是我的德国国籍，因为我已经不想跟这个国籍再有任何关系。

1939 年战争爆发时[1]——或者更正确地说，当德国的"手段"超过了英国所能忍受的限度时———个流亡者的脑海中一定会不自主地浮现一个念头：再过几年也许便能回到德国。对这个念头，我早在 1935 年就用布克哈特的话对自己做出回答了。这位真正了解世界史，也把他的《文艺复兴的文化》（*Kultur der Renaissance*）献给一位意大利流亡者的人，有着这样的愿景："但愿流亡者永不回头，或者虽然回来，但至少不要求任何赔偿；但愿他把所遭受的一切，当作世间命运中自己的那一份接受下

1　指德国入侵波兰。

来，并且也承认有一种消灭时效的法律，它不止按照年代的久远，而也按照裂痕之大小来判定。因为虽然人们要求这新的一代反求诸己，但是他们自己却并不这么做，反而又策划一次新的革命。"

两个雅利安流亡者

在这样的局势里，能认识两位于 1938 年未受胁迫便离开德国的雅利安德国人，是令人感到安慰的事：他们是 K. 博士以及 O. -K.。前者是伦德出版社的编辑，他曾为我的尼采专著费过心力。他原先想在德国拿到就职资格，但这些年来他冷眼旁观德国事态的发展，一直到终于确信，一个或多或少有人性的存在，在第三帝国里是不可能有立足基础的。于是他去了苏黎世，成功地在那里的大学拿到了就职资格。因为他常有机会从意大利与瑞士给我写信，所以他通信的内容完全不会受那些特定的限制——这些限制使得寄自德国的许多信件都变得非常无聊。1937 年 2 月他在给我的信上说："今天的德国笼罩在一种状态里，几乎让一个人无法过日子，不管您如何着手、思索、感觉这生活，都是一样。在某种场合里，比如在最近一次的元首谈话上，人们很自然就能特别清楚地体会这一点。谈话内容真是一通不断补强的连篇谎话（也许您还记得，我们直到 1933 年都是'强迫劳工'！）、漫无止境的自我高估以及对所有他人无止境的低估的大集合。这种令人作呕而虚伪的手法，把战争真正的原因掩盖了起来——个是通过把问题推托到中立地区，就是通过在政治幻象里进行精神发泄，还造成血腥的结果，让人彻彻底底无法忍受。而且最怪异的一点是，今天您能够清楚地感觉到，大部分民众已经知道真相。即便他们并不以此作为行动的基准——仿佛他们太怠惰、太疲倦或太无力，因此不能按照真相行事似的。如果一个人看到像最近刊登在《柏林画报》（ *Berliner Illustrierte* ）上的此类事情的话，就一定会产生这样的念头。那是一篇影像报道，题为《德国人聆听元首演讲时的神情》。这是近几年来我所看过关于德国国内现况最凄惨的报道。您看到许多在工厂、餐厅、戏院、集会厅等场所里拍下来的照片，所有人的脸上都挂着同一副抑郁的表情，表达出全然的冷漠与撒手放任，也表现出一种无力状态。他们对于已经看清的事实或者仅仅幽微地感知的某事，就算无法大声地对全世界宣布，至少心里面也承认了。这些照片看起来真是让人震撼。这篇演讲进行当时，我正坐在一间大餐厅里。我开始觉得演讲很无聊，便观察坐在我四周的人的表情。当演讲愈来愈激烈时，我忽然看到对面一位看上去很和善的先生脸上泛起红色，然后又变苍白，最后他不能镇定了，便忽然起身，用打雷般的声音喊着：'服务生，买单！'这举动引起了极为诡异的效应，其他许多就餐者突然间也站了起来，包括我自己也被这一动身的波潮攫住，然后我们——用今天大家惯用的说法——以严整的队形离开了餐厅，以便到外面找一小块可以不被这演讲骚扰的地方。而要这样做也有困难，因为在每个街角都有扩音器阴险地

1937 年《柏林画报》的报道图片

偷袭路过的人们。由此也产生一种未经设计但却有趣的效果，那就是：您可以在这个转角听到一句话，之后一小段时间里什么也听不到，然后在另一转角再听到另一句话，就这样继续下去——尽管如此，竟还是能浮现一个整体，好像这些句子都有直接的联系一样。此外，这整体似乎总是完全一样的。不管怎么说，这场包括所有细节在内都让人腻之极矣的演讲，的确产生了一种效果：我在不必听它的片刻里，会感到十分的幸福。"1937 年 6

德国人聆听元首演讲时的神情

月他在给我的信上，对当时的气氛有如下的描述："德国改变的程度如此之大，真是吓人。谁要是到德国以外住过一段时间后再回来，就会觉得自己像个乡巴佬，或像一个去国多年的海外德国人。除此之外，德国的生活变得非常耗神，使我（从德国回来后）需要一整个星期的时间才能恢复点元气。这普遍的衰老状态比从前又更加恶化了，而且其态势使人心里想问：人们怎么可能就这么生活下去？那种压抑，那种无精打采，那样的退缩不前，一切都变得如此普遍，会使您以为自己非窒息不可了。然后是一种普遍的软弱心态；这种软弱，由于人们不断地被迫寻求妥协，于是扩大为一种普遍的人格特质。最后，大家就连完全没有必要的事也会寻求妥协；此外，这也产生了一种怠惰的说谎心态，即使最优秀的人，一旦没有勇气把自己孤立起来，也会被袭卷其中。再者，面对这种状态我们甚至作不出道德的评断，因为真正的说谎心态必定包括某种积极的行为在内，但是现在在一般情况下你根本感觉不到有这么回事，完全就是一派任人摆布的样子，一种由于对善的荒废而产生的罪行。维也纳人在战后气馁丧志，对经济困境投降，柏林现在就让我想起维也纳，柏林人也对政治的困境投降了。经济上大家尽管仍努力作为，以便确保某种程度的舒适生活，但是在道德上大家故意蒙上眼睛，借着喝咖啡与玩塔罗牌，以及发些政治哀嚎来提振精神，而即便这哀嚎听起来也是内容贫乏到充满绝望的地步。再者，这整套把戏是一直在原地打转的。"[1] 这个德国人在 1939 年下定了决心，情况严重的话便采取最彻底的应变措施，并且在必要的时候，站到有恩于他，也是他所感谢的瑞士这一边去，对德国作战。他确切相信，德国的事件并非只是纳粹特有的畸形产物，而绝对是普遍属于德国的，也只有在德国之内才有可能发生。

O.[2] 是我早在第一次住在意大利时便结识的朋友，政变的时候他在柏林一家报纸担任音乐评论人。他在这里做了几年之后，便辞去这份新闻媒体的工作，以便全力投入他的音乐创作。我在报纸上读到，他作为一名作曲家，在德国年轻一辈的音乐家

---

1 作者注：这份描写跟我 1939 年年初从亲戚方面得到的以下这篇叙述完全相符："你们必须不断提醒自己，我们今天拥有的，已不再是你们三年前离开的那个德国了。现在的情况基本上是这样的：每个人都不信任别人，就算在最亲密的圈子里也得对所说的每一句话都谨慎到骇人的程度，因为总是有人跑去告发别人，并以此为乐。比如说，如果有人读到这封信，那我可能就会消失不见——怎么消失，到哪里去，没人知道。我没办法跟他们就这样一起做这些事情，尽管我时常如此希望，因为那样一来我便能轻松许多。但是我们已经被战争、物价膨胀等问题过度耗损了，因此我们现在没办法就这样扛起所有这些危机与艰难。[国家的] 经济与财务工作整体上已经到了这样一种地步：我们可以经常听到有人试着规避法律。道德败坏的趋势十分可怕，以至于不知道将来还要发生什么变成了一桩好事。……我多么希望能让你们明白，我们今天只不过是一个个编号而已，至于是男人还是女人，已经没有差别了。不遵守既定的规定，是以死刑来禁止的。我们被警察、党、民防部还有纳粹主义联盟（N. S. V.）如此严密地控管（某些情况下甚至连军方也管制我们），一切只能按照规章行事。昔日那种意义下的法律今天已经不存在了。虽然今天大家收入都不错，但是到处都可以察觉到一种不愿工作的萧索气氛。每个人都有种感觉，觉得自己在末日前夕过着放纵的生活——有些人自然不在此列。……大家总是一再尽力地守法，也愿意在必要的时候节制自己，但是当大家往另一边去看，看到人民的财富如何被严重地浪费，看到外汇的短缺与物资的匮乏如何不被当作一回事，就会深感愤怒。所有人都咒骂这种奢豪的行径与打肿脸充胖子的做法。……我们究竟能否撑下去，自然是有疑问的。我也常想到，很快就要轮到我们这些所谓的公民，就像你们从前那样。很多人都这样猜想过，但是没有人知道任何确切的情况，甚至今天已经全然无从说起几年之后会发生的事，因为我们也从来不知道明天会带来什么。不管用什么方式，我们必须干脆地习惯并接受这样的情况，或者也可以马上去买一条绳索上吊了结自己。"

2 可能为第 130 页提到的欧布西耶。

中占有很杰出的地位。长期的退隐让他结出了丰硕的果实，也使他沉潜中的才华得以成熟。我十分高兴，便给多年没有联络的他写了一封信，寄到报社编辑部的地址。令我讶异的是，回信不是从柏林，而是从瑞士寄出，他信上写道："您友善的来信令我十分高兴。当您在柏林听到我的'名声'时，我已经自愿离开了德国，住在这个您现在能联系到我的地方了。我是去年1938年12月离开的，11月的那些日子已经让我在心中下了决定。从前我的犹太朋友们还在时，我走不出这一步，但自从他们走了以后，我在那边也就没有别的任务了……当我们在祥和与浪漫的气氛里，漫步穿过塞第纳诺长着橄榄树的原野，而您对我叙述在教堂教士那里所作的富有牧诗意象的观察时，谁能想到一个新的民族大迁徙的时代已经如此近在眼前？想到这世界如今已变成了何等模样，实是令人战栗。我对朋友的思念不得不飘向世界。"O. 只弄错了一点：我们在托斯卡纳祥和的日子只是表面如此，而民族大迁徙早在1914年便已开始。

在我的一本小本子里，每天都反映着整部世界史：那是一本我从马尔堡时代便开始使用的红色地址簿。几乎没有一个地址还跟当年一样，亲近的朋友与生疏的相识者被打散到了世界各地。从前与我通信的人的地址现在绝大部分都被划掉了，跟流亡以后新增加的许多姓名形成对比。几乎只有与我太太最近的亲戚还从德国寄信来，所有其他人的信则是寄自英国、美国、土耳其、巴勒斯坦、瑞士、荷兰、哥伦比亚、澳大利亚、新西兰——而且是寄到日本来。

对我来说，德国人与犹太人的隔离如何开始

　　这所谓"希特勒后"的时代，对我来说，早在我的弗赖堡学生时代便已经开始了。这剧烈的变革，就我而言，是发生在一个微小的事件里的：这事件在公共领域里不曾引起注意，除了造成一个"不"之外，也没有任何后续发展。往后的几年里，我克制自己不去回忆这件事情，因为这件事击中了我的要害。自1914年起直到那时候，我没再见过我战前时代最好的朋友[1]。他在战后结了婚，当我到弗赖堡去时，他已经不在慕尼黑了。我在1920年大学放暑假的时候又回到慕尼黑，想拜访他，我在他住宿的房子门口按了铃，也报了我的姓名。等待时间之久令人奇怪，之后他太太出来告诉我，L.十分抱歉，但是他不能跟我说话。难道我不知道他"在希特勒身边办事"吗？我沉默了，走下阶梯，从那时起再也没有见过他。一位与我们有亲密情谊的老师，一再试着要让我们两人重新和好，但是总因为L.的坚

1　即第16页的自画像中的青年。

决态度而失败。他热切积极地为党办事，也已经放弃了绘画。而从这一刻起，就我来讲，纳粹以及伴随而来的德国人与犹太人的分隔就已经开始了。

既是德国人，又是犹太人

有一位德国犹太人，他对黑格尔的研究非常出名。然而，他真正的工作则是在犹太文化领域里。[1] 在一场为了聘请他到一所犹太学校任教而召开的协商会议上，别人问他对于犹太文化与德国文化究竟采取什么立场。"我回应他，我拒绝回答这个问题。如果要把我绑到拷问台、把我撕成两半的话，那我自然会知道，我的心脏会跟这两半中的哪一半走——心脏本来就不是对称地站在正中间的。但我同时也知道，我不可能活着度过这项手术。但是这些先生们却希望聘请到一位活着的我，所以我就必须请求他们，不要拿这个实实在在会危及性命的问题来拷问我，同时还想让我保持完整。"同时罗森茨维格也知道，"这种自由的德国犹太立场，近百年来都能容下几乎所有的德国犹太人"。但是今天（这封信写于 1923 年）这块立足之地却缩小到有如针尖，"只剩下一个人还能住在上面，那就是我。可

1　作者注：弗朗茨·罗森茨维格（Franz Rosenzweig），他对黑格尔的研究详见其著作《黑格尔与国家》（*Hegel und der Staat*, 1920）、《救赎之星》（*Der Stern der Erlösung*, 1921）、《罗森茨维格书信集》（*Franz Rosenzweigs Briefe*, 1935）。

怜的科恩！[1]"罗森茨维格还深知一点——这一点是德国人甚至希莱尔·贝洛克（Hilaire Belloc）先生不知道也不愿理解的，那就是：夹在"是德国人"与"是犹太人"之间的这个"与"字，其实是一个得体与否的问题。"在这问题上面几乎不能有普遍可循的规定。在个人的生活里，重心应该落在哪里、是否一定只有一个重心而不能是两个，生活的重量又应该如何在这些重心之间分配—这些都是每个个别的人，必须为自己也靠自己决定的事情。但是他必须有能力做决定。我们必须给他这种能力。我永远不会大胆地试着用严格的规定来规范生命，因为这会跟这'与'字的未决状态相抵触，而这未决状态于我来说……完全是一个不得不然的信仰。"[2]

1　作者注：见赫尔曼·科恩的《犹太作品集》（*Jüdische Schriften, 1924*）第二卷里的专论《德国属性与犹太属性》（*Deutschtum und Judentum*）。

2　作者注：所引的这些段落出自《罗森茨维格书信集》。

德国之简化，德国之抗议

就算继续问希特勒上台后会是如何，也无法排除或解决这个"与"的问题。因为这个问题，自始便如此根本地包含在犹太人的存在之内（犹太民族的历史一开始便是流亡，而并非如世界上所有其他民族那样从一开始就住在自己的土地上）。这个复杂的问题，跟纳粹典型的"解决方案"正好是个对照：他们根本不承认有"与"这个可能。谈到这种简化，我们就触及了陀思妥耶夫斯基在他谈论"单纯"与"简化"时，所说的那种"直来直去、生硬刻板"的概念。战争与其带来的后果，也对这种思想与行为的简化产生了很大的影响——在战争中，绝大多数的问题干脆都被略过了。然而在这新的德国思想的单纯性的背后，藏有一个非常复杂的问题，因为希特勒上台后的德国人仅仅是因为无法确定，才给了自己政治上与种族上的自信。先前他们从来不能确定自己是谁，也不知道他们自己是谁。他们始终需要一个敌人，或者需要一只替罪羔羊，如此才能决定自己的模样。也正因为如此，如果把反犹的部分先拿开的话，所谓的"雅利安人"其实是一种纯粹的虚构。就像犹太人在第三帝国里是异邦人，活在法律之外，同样地，这个野蛮的德国在文明的世界里，也是一个活在法律之外的异邦人。心地善良的外国人如果反驳说"希特勒不代表德国"，那这样的说法既是正确的，也是错误的。假若我们用真正的德国来衡量，关于希特勒宣称自己体现了德意志民族这样的主张，那么上述的反驳是正确的。然而这种反驳也是错误的，因为这个民族并不是由中国人构成的，而是德国人为自己选出了自己的领袖，而且到目前为止默默接受一种领导——如果他们的皇帝、国王、首相、元首，从腓特烈大帝直到希特勒，跟他们的本质有严重的抵触的话，那么这种领导也是不可能存在的，"欧洲历史里的德国性格"[1]向来都是同样的一种抗议。

陀思妥耶夫斯基在 1877 年对于德国的世界问题如此写道："德国只有一个任务，这是它从前就有，也一直都有的任务，就是它的新教精神[2]。不只是在路德影响下发展出来的新教主义的既定形式，而是它持续着的新教精神，它永恒的抗议。首先是在阿米尼乌斯的时代反抗罗马世界[3]，反抗罗马及其任务所涵盖的一切，后来则反抗从古罗马传到新罗马的所有事物，也反抗

---

1 参见卡勒的著作《欧洲历史里的德国性格》（*Der deutsche Charakter in der Geschichte Europas*, 1937）。

2 新教精神（Protestantismus），该词源自拉丁文 protestare，原意指"公开证明、公开作证"，在路德的宗教改革的脉络下表示"公开宣示一个与天主教不同的信仰"，中文译名"新教"取其与"旧教"（罗马天主教）有别之意，而其实 Protestantismus 一词包含这种"表达异议"的意味，protestare 也是英文抗议（protest）一词的来源。因此在陀思妥耶夫斯基这段文字中，"新教"（Protestantismus）与"抗议"（Protest）同一词根，也关系紧密，中文的"新教"与"抗议"二词无法将这种关系表达出来。

3 参看第 46 页注释 2。

所有继承罗马的既定形式与元素的民族，反抗罗马的继承人，反抗这遗产所涵盖的一切……古罗马是最早创造出'要把全世界人类统一起来'理念的政权，也是第一个相信自己有能力将这理念'以君主制统治世界的形态'实际实现的政权。这一套政治形式却在基督教的面前土崩瓦解——但瓦解的只是形式，而非理念。因为这理念是整个欧洲的人类文明的理念，欧洲文明在此理念中诞生，也只为了这个理念而存活。倒下的只是罗马的以君主政体统治世界的理念，取而代之的是新的'将全世界统一在基督教之下'的理想——照样是以全世界为对象……此后，这种尝试在罗马的世界里持续进展，也不断地改变面貌。随着这种尝试的发展，基督教原则里最本质的部分几乎完全丧失了。古罗马世界的继承者，最后在精神上抛弃了基督教，因之也抛弃了教宗的国度。法国大革命是这世界所经历的一场骇人的风暴，然而这场革命在根本上，不过只是原来那个古罗马统一世界的政治形式的最后一次乔装打扮。但是这新的形式还是有其不足之处，于是没能完全实现。甚至曾经有过一个片刻，几乎所有继承了这古罗马使命的民族都陷入了绝望。尽管如此，在 1789 年，赢得了政治领导权的那个阶级，也就是资产阶级，仍凯旋庆祝，也宣称终点已经到达，不必再往下走了。可是那些依照永恒的自然定律注定要死守在永恒动乱里的灵魂，那些注定要为上述理想寻找一个崭新政治形式的灵魂……却狂热地奔向那被贬低者与被剥夺继承权之人，奔向所有那些在法国大革命里没能参与新的政治形式（即他们所高举的全人类的统一）的人们。这些灵魂现在高声宣扬着他们自己要说的话，也就是统一所有人类的必要性，然而目的不再是为了将平等与生存的权利分配在任何某特定区块的人类之间、把其余的人类当作原料与必须被剥削的物资，来为这特定区块的人类服务，而是：必须在普遍平等的基础上，把一切人类统一起来，让每一个个别的人都分享这世界的财富，不论这些财富会是什么。他们准备使用一切手段来为这个解决方案奋战，这就是说，绝对不限于使用基督教文明所容许的手段。不过在这整段时间里，在这整整两千年之中，有过什么值得德国忙碌的事情呢？从这个伟大、骄傲又奇怪的民族出现在历史世界的第一个片刻开始，其最鲜明的特征就在于：按照它的使命与原则，它从来不愿意与欧洲世界的最远端的西方[1]统一，也就是说，从来不愿意与任何继承了古罗马使命的民族统一。它对这个世界抗议（protestieren）了整整两千年，而且它虽然没有宣扬过自己的话，没有宣扬过一个严整表达出来的理想来取代这古罗马的理念，却总是一副在内心深处确信自己有能力宣布这句新的话，也有能力接手领导全人类的模样……最后，它以最强力的方式进行抗议，从日耳曼世界原初的基础里，引导出新的抗议形式：它高举了研究的自由以及路德的大纛。这撕开的裂痕巨大得骇人，全世界都受到了冲击——抗议的形式被找到了，尽管这仍

1　陀思妥耶夫斯基所谓的"最远端的西方"（Der äußerste Westen），即等于我们所说的"西欧"，他是从俄国的角度来看，中文的"西欧"则是继承了欧洲本土的方位说法。

然一直只是个否定性的形式，并且没有说出一句新而有积极内容的话。在这日耳曼精神说出了这句新的抗议话语之后，好一段时间它就像死掉了一样，而此事之发生，正好平行于一个过程：其敌人之诸般力量从前具有一种严密陈述的整体性，然而这整体性在这段时间里却也衰弱下来了。最远端的西方在美洲大陆的发现、新科学与新原理的发明的影响之下，试着将自己的形态改变成新的真理，以便踏入新的阶段。当在法国大革命的期间里，这种改换形态的尝试首度启动时，这日耳曼的精神陷入了非常难堪的境地，也在一段时间里丧失了对自己的信仰。面对这最远端西方的新的种种理念，它拿不出任何东西以与之相庭抗礼。路德新教运动的时代已经过去了，而研究自由的理念，早已被全世界的科学所接受。德国从来没有如此刻这般感觉到，它自己的表达是如此缺乏（你可以这么说）如同缺乏实体与形式。就在这段时间前后，在德国内部产生了一种迫切的渴望，希望至少在表面上能把自己凝聚成一个完整的有机组织，因为它考虑到，它与欧洲世界最远端的西方进行着的永恒战斗，即将迈入一个全新的阶段……在这段时间前后，德国之灵（der Genius Deutschlands）了解到，在一切事物、在任何尝试着说出自己的话来反对敌人的理念之前，德国的任务是在于下列的工作：建立起自己的政治统一性，并完成自己的政治有机组织的创建，然后在这些事都发生以后，才正面面对旧日的敌人。而事情也真的这么发生了。在德国完成统一之后，便狂扑到它的敌人身上，对敌人展开了新的战斗，并且用"铁与血"作为序幕。

"铁"的工作现在已经结束，眼前的任务只是把这整件事在精神上加以完成。然而现在对德国来说，忽然却又出现了一股忧虑、一个新的而且意料之外的转折，使这件事情出奇困难了起来。"[1]

世界历史的进程比希特勒更聪明：他虽然不愿意与英国为敌，现在却必须与英国作战（而且英国现在承担的是"罗马人的"任务，尽管这只是在一个引申的意义下），甚且必须与欧洲的第二个敌对势力（苏联）联合，正如陀思妥耶夫斯基同样所预见的。德国不是欧洲的或基督教世界的心脏，而是造成欧洲与基督教解体的震中。

1　作者注：见陀思妥耶夫斯基《作家日记》（*Tagebuch eines Schriftstellers*）。

后记

在这部回忆录中，德国的政治与社会变动主要表现在德国属性与犹太属性的分离上。对题材做这个限制是必要的，因为要符合征文单位的要求，作者只能报道亲身所经历的事。但是这场德国革命对我的打击，主要是由于我犹太人的身份。而若以为一个个别的人，也许还是有可能以某种方式独立于这普遍的事件之外，那么这会是一种愚蠢的想法。在德国时，我努力从犹太文化中解放出来，现在这努力被中断了，而这中断也决定了我的人生，甚至把问题升高到一个关键点：我之所以既是德国人也是犹太人，完全是因为前者与后者在德国被区分开来的结果。即便有人可以重新找到一个家乡，在另一个国家取得公民权，这个人也必定得耗费人生里一段很长的时间，来弥合这个被撕开的裂痕。而且如果这个人在希特勒上台之前愈是毫无疑惑地当一个德国人，愈感觉自己是德国人，那么他需要弥合的裂痕也就愈大。虽然情况是这样，但是一个人自身生命的历史，是不能全都归结到这么一个问题上来的。世界是更广阔的，而生命是更丰富的，因此不容许用"在谁之前"或"在谁以后"来分段。只有在历史里才有这种分段法，但是所有的历史都会过时，唯一能够持久地留下来的，只是一种不知何谓"之前"与"之后"的东西，因为它永远都是那样，跟它先前一样，也跟它将来一样。

另一篇后记

　　有时候我会问自己，如果我今天是一个德国人，也跟德国人住在一起，那我会站在什么样的立场上。这个问题对我自己来说可能没什么意义，但是当我考虑到留在德国的德国朋友时，却还是值得想一想的。因为一个人就算不在党内，但只要是一个德国人，他仍然会被席卷在德国的事件里，而且在这两条道路真正分开之前，我自己也曾参与过破坏的工作。道路之分开，是当希特勒上了台，也积极地想做出一些事情时。他的目的是要终结那个由许多差异极大的源头汇集而成的破坏工作，然而这终结的方法，却在那些破坏者的意料之外。另一方面，我们也不可能简单地回到原来那条路上，继续批评既存的事物，因为这条路把我们引领到离革命如此之近的地步，所以已经不能再接受先前的批评了。直到这变革完全成为事实之后，我才开始修正自己精神发展的方向——我指的是我从弗赖堡的学生时代便不断前进的方向，虽然目标从不明确。对我来说，尼采就是试金石。

　　我在马尔堡最后一学期的尼采讲座课（1933—1934），便已经包含了所有我在布拉格哲学家会议上的演讲（1934）的关键思想。在这场演讲中，我把尼采"对时代之顺应"，拿来与他对"永恒"的学说对照处理。这场演讲，也就是我的《尼采的相同者的永恒轮回哲学》（*Nietzsches Philosophie der ewigen Wiederkunft des Gleichen*, 1935）一书的大纲。此书的前言与结尾的章节（《论"中点与适度"作为尼采自我批判的尺度》），则过渡到我的布克哈特专著（1936），这本书第一章的内容，是从布克哈特的立场出发来讨论尼采。这本书最后一句话，也就是尼采自己表明让位 [1] 的那句话，我早就用来当作我讨论布克哈特的马尔堡就职演讲的题词。尽管如此，我对尼采的态度，从我以他为主题的博士论文（1923）开始，经过这十年来对他的"欧洲虚无主义"的解析之研究，虽然都未曾明说，但也一直都有所保留。出版布克哈特专著之后又过了三年，我在日本完成了我从获得就职资格时，便已经计划要写的作品，内容是处理德国"从黑格尔到尼采"的整个发展过程。这本书后记的最后几句话，终于标明了我路线修正的结果——历史事件的发展，使我不得不采取这样的修正。这几句话是这样的："但是若论及 19 世纪里德国精神的特殊历史，那么在黑格尔之后，哲学发展的致命后果，便是使我们易于追溯那些前后接续的步骤；这些步骤产生的结果就是夸张与放纵。所以，但愿有一种能深入这时代的精神事件的历史洞见，能使人从尼采的'极端之魔力'（Magie des Extrems），经过布克哈特的'适度'（Mäßigkeit）

1　1889 年 1 月初尼采在意大利都灵精神崩溃，崩溃当天他写了一些小纸条（即所谓的"疯狂纸条"），其中一张是写给布克哈特的："现在您是一你是一我们伟大的、最伟大的导师了。"

而回溯到歌德的'充满节制之丰沛'（maßvolle Fülle），因而能够在一位无疑十分伟大的人[1]身上，辨认出德国的精神。"然而并没有时光倒流这回事，我们既不能回到歌德，也不能回到任何一个人。时间本身在"进步"之中迷思，只有在"永恒"作为存在之真理现身的那些片刻里，"进步"以及"衰败"的时间性图式才会展现为历史性的虚像。

然而由尼采与德国所提出的那些问题，其问题本身仍然是有效的。这些问题特别牵涉到基督教以及从基督教里衍生出来的欧洲人道主义。但是既然这两者对我来说，一直都是我既不愿用积极的基督教观点，也不想以反基督教的方式来解决的问题，所以我对于纳粹德国所采取的立场，也就必然欠缺那种简洁的坚决态度，因而不容许我做出直接的"肯定"或者"否定"。B. 在指责我自己破坏了我所坚持的事物时，就已经很正确地体认到我缺乏清楚而截然的态度。理论上这种立场的模糊是无法被简单化的，然而这种模糊却也自动转化为一种坚决的拒绝，拒绝那种仿佛终结了基督教以及基督教人道主义的嘴脸。确切地说，当整个民族——包括其"诗人与哲人"——一起来实践尼采的"权力意志"，当那野蛮的蛮性变得明显可见的关键时刻，就会如此；这种蛮性，在尼采的作品里，仿佛是一种连精神与"基督教"都予以认可与接受的东西。

促使我摒弃德国手段的，是德国人处置犹太人的方式。尽

---

1 指尼采。

管这种处置波及我个人，但并不因此而丝毫减损它所具有的普遍意义：它使人认识到德国"振兴"是怎么一回事。基本上，德国人对犹太问题采取的解决方案，只不过是它所具有的野蛮本性里最为醒目昭彰的一面，这种野蛮本性，为了向国家怪兽提供服务，批准了一切的残忍暴行。在这种把人类非人化的行径面前，仅仅依靠人道主义，是没有能力做出任何有效抗议的。这也解释了，为什么人们在精神层次上所作的反应，诉诸了类似的激烈手段，也鼓吹大家返回教会。有些朋友也期待我采取一个彻底的解决办法，不管是返回犹太属性与文化，或者决定皈依基督教，又或者是确立我的政治立场……这些我都没有做。因为我已经看出，特别就是这些"彻底"的解决办法，根本不算是解决办法，而不过只是盲目的立场僵化，只是把不得已的办法当成美德，把生活简单化。人类与各民族的生活与共存并不容易，进行起来不可能没有忍耐、谅解、猜忌、放弃，也就是说，不可能没有那些被当今德国人当成不够英雄而否定掉的东西；而他们之所以加以否定，是因为他们对一切人类活动的脆弱完全没有任何概念。《约伯记》第 14 章："人由女人生下，活时甚短，饱受灾难，如小花出土，为人践踏，如暗影飞逝。"[1]尽管伏尔泰还能断言，这几句话里包含了一切能够表明人类存在的含义，但是德国人已然丧失此一洞见。

1　洛维特引用拉丁文本圣经（Vulgata）。

促成本书的征文活动海报，译文见下页

· 269 ·

一千美金征文广告

给所有

在希特勒上台前后熟知德国的人！

为了搜集纯学术性的材料，以供纳粹对德国社会与德国民族所造成的社会与心理影响的研究使用，我们提供一千美金的奖金给使用以下题目写得最好的、尚未发表过的生活经历的描述（即自传）：

《1933年1月30日之前与之后我在德国的生活》

这次有奖征文由下列哈佛大学的教师成员亲自指导，他们也将组成评审委员会；应征稿件的评判以及奖项的分配，都由他们全权负责：

戈登·威拉德·奥尔波特（Gordon Willard Allport）　　　　　心理学家

悉尼·布拉德肖·费伊（Sidney Bradshaw Fay）　　　　　　历史学家

爱德华·亚纳尔·哈茨霍恩（Edward Yarnall Hartshorne）　　社会学家

征文奖项设置如下：

第一名500美金　　第二名250美金　　　第三名100美金

第四名50美金　　　第五名（五人）每人20美金

稿件可使用假名或以不标记姓名的方式参加应征，但是稿件内容必须真实。

稿件可以使用德文或者英文撰写；语言的选择并不影响评判的结果。稿件可以是任意的长度，但至少要有两万字（约80页打字稿）。

有奖征文将于1940年4月1日截止（应征稿件上的邮戳必须不能晚于这个日期）。

特殊规定

稿件的首页上必须有以下的资料：作者的年龄（大约即可）与性别；作者在德国所居住的区域，以及他所住地方的居民人数；作者的宗教信仰，以及其他关于作者的社会状况的基本资料，比如已婚或未婚、子女人数、大约的收入、教育程度等（您的社会状况本身并不影响您得奖的机会）。

您的生活经历的描述应该尽可能保持简单、直接、完整以及一目了然。请您在您记忆所及的范围之内描述真实发生的事件，人们所说的话与所做的事。评审委员的兴趣并不在于对过往进行的哲学思考，而特别在于一份对个人经历的报道。引用书信、日记、记事簿以及其他私人的稿件能给您提供我们所需要的可信度与完整性。这份征文活动将不是一个文学有奖征文。就算您从前从未写作过，只要您有好的记忆力、锐利的观察力，拥有对人与人性的了解，您就应该勇敢参加。即便您没能得奖，您的作品也会是可供研究新德国与纳粹的材料，一样是非常宝贵的。

来稿请寄：美国马萨诸塞州剑桥镇怀德纳图书馆776号，S. B.费伊先生收。欢迎您多索取几份这张公告。

生平经历[1]

    两年前，伽达默尔在我 60 岁生日的场合上，以一个同行的伙伴的角度，对我的成长经历做了诠释。如果我今天用自己的眼光来自我介绍，那么，只有在时间的进程里，才能找到一个相对清晰的观察角度，来看待我所追求的一切。也就是去回顾那些与人偶然的相遇、那些前后相接的脚步，并找出内在的连续性。这些相遇与脚步，连同其绕路与歧路，便是人们所说的：生平经历。

    最早接触到哲学与科学——今天这两者已经是这么分道扬镳，而使得哲学系在其哲学学院里以及在这所科学院[2]内，占据的是一个不很稳固的特殊位置——是在我的中学时期：这要归功于我在慕尼黑实科中学的拉丁文老师珀舍尔（H. Poeschel）以及素描老师伊森贝克（Essenbeck），这两位如父亲般的朋友培养了我对哲学的兴趣。接触科学，则是通过一位杰出的生物学老师维默尔，他为我们定制显微镜的切片标本，让我们认识到生命世界的奇妙之处。一方面是哲学反思：我思索处在整个

---

1   这是一场 1959 年在海德堡科学院全体院士面前发表的演讲。

2   指海德堡科学院，创始于 1909 年。

自然世界之内的自身存在（这种思索是我从叔本华与尼采那里学来的），另一方面则是相对直截了当的生物科学：这两项经验，使我从战场与战俘生活返乡之后，决定先后在慕尼黑与弗赖堡都同时攻读哲学与生物学。我在被囚禁期间空闲很多，对这件事做过自由的考虑。一开始我跟普芬德与莫里茨·盖格尔读哲学，这两位在他们的讲座课上鼓舞我们作自己的思考。生物学则先跟植物学家格贝尔，后来在弗赖堡转跟诺贝尔奖得主汉斯·施佩曼（Hans Spemann），他引导我们进行一些与演化机制有关的实验。这两位伟大的自然学家启发了我，让我知道纯粹地为知识而求知是怎么一回事，而这正是在当前的哲学里已经广泛消失的东西。

慕尼黑的苏维埃共和国[1]带来的动荡不安，使我转学到弗赖堡。在那里我有幸接触到胡塞尔，领略严格的现象学学派的风采。令我难忘的是在那些日子里，当许多人担心弗赖堡即将被法国军队占领、讲堂也变得十分冷清的时候，这位伟大的日常现象的研究者是如何反而比平常更安详、更镇定地继续讲演他的学说，仿佛严谨的学术研究，是一种世界上任何东西都无法干扰的活动一样。他的助手，讲师海德格尔，引导我们了解胡塞尔的《逻辑学研究》（Logische Untersuchungen）的哲学问题，但同时也带我们读狄尔泰、柏格森与齐美尔。他那种精神的冲劲——你可以感受到其强烈，却看不穿其深邃的轨迹——

1　参见第 34 页注释 4。

使其他哲学老师相形之下都黯然失色，也让我们对于胡塞尔天真的信念——哲学有一种终极的方法——丧失了兴趣。在弗赖堡大学一开始这几年的求学生活，是一段无比丰富又成果丰硕的日子。我们这一代在精神上到今天也仍然撷取着的一切，都是在那段时间里产生出来的。那时一切都处在一种崩解的气氛中，也正朝向一种具有批判气质的革新；而这非但不妨碍，反而还特别促成了我所说的那些成果的产生。海德格尔的魅力，也是建立在一种生产力丰富的拆除工作、一种对传统形而上学的"解构"之上——因为它（传统形而上学）的基础已经不再可信。这个基础指的是古希腊哲学所了解的时间意义下的存在，也就是指这么一个前提：只有永远地在当下存在着的，才是真正意义下的"存在"——《存在与时间》一书便对这个传统的基础提出了质疑。但是海德格尔之所以可以质问这个古希腊传统里对存在的理解，是因为对他来说，连这个时间向度（der zeitliche Horizont）本身也只是一种将要来到的、一种未来的东西——而这时间向度，对于了解人类的"在此"（Dasein）以及对于理解一切的存在，都具有关键性的意义。而既然一战之后的世界里，"当下的永恒"[1]或"持久的存续状态"实际上已经不复存在，海德格尔对时间性以及进一步对历史性概念的拆解，本身便成为一种象征着我们这个时代的符号。许多年之后，我

1　当下的永恒（nunc stans），拉丁文，从波爱修斯（Boethius）以降的西方神学传统里对于"永恒"概念的几种解释之一，是把永恒视为一种没有流逝、没有到来、永远处于现在的时间。这是时间性概念最鲜明的对立面。

在《海德格尔与罗森茨维格——对〈存在与时间〉的补充》（*M. Heidegger und F. Rosenzweig, ein Nachtrag zu »Sein und Zeit«*）一书中对两者做了全面的比对，试着为我自己把《存在与时间》的这种时间性的意义掌握清楚，因为若没有一个永恒的向度，同样也就没有时间性的概念可言，就好像如果不跟包罗一切的全体相对照，也就无法谈到一个特殊的、个别的存在一样。

在 1918 年德国战败之后、对我十分关键的这几年里，通过与戈特因的交往，我面临了一个抉择：应该加入格奥尔格与贡多尔夫的圈子，还是该追随被视为独行侠的海德格尔。他们虽然方式完全不同，但海德格尔如独裁者般驱使青年心灵的力量一点也不比前者逊色——尽管在他的听众当中，没人能了解他的目标究竟指向何方。崩溃的时代里出现了各种不同的"领袖"，他们唯一的共同点，就是他们彻底地否定既有的东西，又坚决地指出一条通往"非如此不可的唯一选择"的道路；我决定跟随海德格尔。35 年之后，在《海德格尔：贫困时代的思想家》这本书里我对他的批判，便是从这个对海德格尔肯定的选择出发，为的是要打破海德格尔的一种魔力——在这种魔力的驱使下，一群追随者着迷地模仿着他，却什么也创造不出来——同时也想唤醒大家，让大家认识到，海德格尔对"存在的历史性"的思考，实有可疑之处。1923 年我在莫里茨·盖格尔的指导下完成了博士学位，论文的主题是尼采。在通货膨胀最严重的时候，我在梅克伦堡的一个贵族农庄里接了一个家庭教师的工作。1924 年我跟着老师海德格尔到了马尔堡，以便在他的指导下撰写就职论文《扮演同伴角色的独立个体》(*Das Individuum in der Rolle des Mitmenschen*, 1928)。在论文完成之前,因为对于追求学位而常不可免的旷日废时感到不耐烦,我抽身到罗马与佛罗伦萨待了一年的光景。在那个人际关系密切的、由"你"与"我"组成的周遭世界里,每个人都相对地被别人所决定:有的人是父母的儿子,有的人是太太的先生,有的人是他的朋友的朋友,有的则是他的老师的学生。这么一个建构我们——即便我们同时也是一个个"不可分割的个体"——的周遭世界,当时我以为也就是关键意义下的我们的世界,因为这是我们日常所遇、直接与我们相关的世界。马克思早期的作品出版之后[1],我拓宽了这个太过以人为中心的看待世界的方式,并且把历史化了的社会结构所具有的客观外在力量,也拉到个体存在的范围之内来。也就是说随着马克思而理解到,那表面上看起来独立的、彼此互有区隔的"个体",其实也是中产以上社会的成员之一,也是一个"资产阶级",而这跟他自己作为一个国民的身份是不一样的。不过我之所以把马克思的思想放进哲学史来(这在当时的学院里仍是一件引人反感的事),原本主要的动机并不在于中产社会的问题,而是在于青年马克思所宣称的在黑格尔之后哲学即告终结的论题,以及在于他把哲学转化成一种对既定秩序的理论批判,以便进行一种实际的与革

---

1 马克思的作品多半在死后才出版,此处的作品指的是青年马克思对黑格尔的国家理论进行批判的相关作品。

命性的变革，也就是说，在于他把哲学转化成马克思主义。马克思在哲学上的重要性，并不在于他后来分析的在一个把一切都当作"商品"来生产的社会里面，人是如何"自我异化"，而是在于马克思早年对黑格尔进行判断时，企图将哲学的原本意义加以"扬弃"。依照这种倾向发展下来，马克思主义实际上便成为自古以来一切哲学的头号敌人。谁要是想"改变"世界、谁要是想让世界变得不一样，也就等于还没开始哲学思考，也就是将人类过去所创造出来的世界历史，误以为就是世界本身。我认为对海德格尔来说，黑格尔左派[1]批判黑格尔——同时也是对一切哲学的批判——的兴趣，正好遇到海德格尔的思考：黑格尔绝对意识的思辨存在论，是一种过度的夸张，海德格尔要从这种夸张走下来，下到事实的、有限的与在历史之中的"在此存在"。我这时的兴趣有两方面：一是克尔凯郭尔与马克思所进行的反叛，另一则是海德格尔对传统形而上学全面的攻击——在他之前的狄尔泰便已经把传统形而上学立足的基础给打掉了——这两方面彼此吻合，我的就职论文发表会的主题"费尔巴哈与古典哲学之终结"（Feuerbach und der Ausgang der klassischen Philosophie）也是配合这个兴趣的，因为事实上德国的古典哲学在黑格尔身上，也真的已经走到了发展的尽头。

---

1 马克思、恩格斯、费尔巴哈等一般被归于黑格尔左派或者青年黑格尔学派，强调黑格尔哲学里革命的面向，与黑格尔右派（或传统黑格尔学派）有别。

我研究马克思早期哲学作品，最先得到的成果是一本专著《韦伯与马克思》（ *M. Weber und K. Marx* ）。作品里没有明确的结论，因为我认为韦伯的主张跟马克思的论题是同样站不住脚的：前者认为人对于最高的价值，可以有自由的选择，也就是说一种存在的相对主义；而后者主张人只是一种社会的类存在，任务在于实现世界历史的普遍趋势。

我有幸在1919年听了韦伯在慕尼黑所作的演讲《学术作为一种志业》，而且从那以后我才真正了解到，怎样才算是一个有价值的人。演讲结尾上他那些苦涩的话语，直到今天都仍在我眼前，就像在40年前一样鲜明。结尾说到精彩之处，他断言："那些坚持等待先知与救星的人所处的境况，就跟流亡时期里那首美丽的破晓之歌所唱的一样：'埃多姆的西珥山[1]那里有人长声问警卫，黑夜还有多长。警卫回答说早晨快到了，但现在还是黑夜，如果还要问的话，下次再过来。'[2]""听到这些话的这个民族，"韦伯说，"已经这样问了两千多年，也坚持等了两千多年；他们令人动容的命运，我们十分清楚。所以我们要从中吸取教训，这就是说，渴望与等待是没有用处的，我们应该去做自己的工作，要能对得起'当日的要求'。"韦伯的见解是，这个要求既单纯又容易："如果每个人都找到他自己的精灵——那个握着他生命的纺线的精灵——并且服从它的话。"

1　埃多姆的西珥山（Seir in Edom），圣经中记载的地名，介于红海与死海之间。

2　韦伯引用的是《旧约·以赛亚书》。

在进行这个不怎么马克思的马克思研究的同时，我也努力批判地澄清哲学与神学的关系，着眼点是布尔特曼对海德格尔"此在的分析"（Analytik des Daseins）的吸收。而联结他们两人的环节，是他们同样都受到克尔凯郭尔的观点的启发：真理只有在被某个存在者主观地接受时，才成为真。这种实践的存有者之"抉择"所带有的深沉热情，是被克尔凯郭尔与马克思鼓舞起来的，他们用它来对抗既有的基督教与现行的社会。到了1920年代，这热情又重新抬头，成为风潮，进而导向一种神学的、哲学的与政治的意志决定论（Dezisionismus）——所谓"导向"，其实也是"误导"。在这问题上，我于1935年写了一篇匿名的论战文章[1]以反对施米特的《政治意志决定论》（Politischer Dezisionismus），1946年则发表了一篇论文《海德格尔存在哲学的政治意涵》（Les implications politiques de la philosophie de Heidegger）。

经由这些对黑格尔、马克思与克尔凯郭尔的研究，我后来的著作《从黑格尔到尼采》一书的纲要已经大略齐备。我在这本书里主要处理的是黑格尔左派；尼采则是从我青少年时代开始，就具有一种特殊而非比寻常的意义，因为没有人像他那样预先思考了"欧洲的虚无主义"的起源与兴盛，而且在"世纪末"[2]结束的年代里有了崭新的开始。他作了大胆的尝试，把对虚无的意志推进到如此地步，以至于他不得不转过头来，试着

1　见期刊 Revue internationale de la théorie du droit, (1935) 9, 101—123，以假名 Hugo Fiala 发表。

2　世纪末（fin de siècle），法文，指欧洲社会19世纪末盛行的一种颓废的文艺风气。

重新去掌握世界，因为对他来说，这形而上的、物理之外的后设世界已无可转圜地变成了"寓言"。这里我已经说到我后来的流亡生活，我是在那段日子里处理这些问题的。

1933 这一年，我还不需要面对是否流亡的决定。但到了 1935 年，我流亡的命运却在强迫之下自动地决定了，因为纽伦堡法案在这一年发布。这些法案今天已为人淡忘，但当时的纳粹政府不但能够提出这种法案，还能在极短的时间里开始执行。经过一连串幸运的机缘，我流亡的途径是先到罗马，再到日本的一所大学。在德国与日本缔结同盟之后，因为受到纳粹党在外国进行的政治活动压力，我在大学里的位置也受到威胁。当时蒂利希与尼布尔[1]帮助我在美国一所神学学校找到一个教职（1941），这是在珍珠港事件发生之前半年。1949 年我又从那边转到"社会研究新学院"[2]任教。1952 年，离开 18 年之后，我回到了德国。尽管这期间发生了这么多事，我发现德国大学里的情形改变的并不多，令人有些惊讶。对一个成年人来说，流亡异国的经验、异国的思想方式，甚至连历史带来的种种遭遇，对他所能造成的改变竟是如此之少，这一点我到后来才逐渐明白。尽管他在流亡中多学了一些东西，也无法继续用从前的眼

1　莱因霍尔德·尼布尔（Reinhold Niebuhr, 1892—1971），美国新教神学家，受蒂利希影响。

2　社会研究新学院（New School for Social Research），由美国实用主义哲学家杜威等人于 1919 年在纽约所创建的私立学院，现已改名为新学院大学（New School University）。

光看待这旧欧洲残存的现况，仿佛他从未离开一样，但是他并没有变成另一个人。这并不是说他跟原来完全一样，他也有变化，但是他只能变成他所是的模样，不能超出他可能的界限之外。我先是在罗马写了《尼采的相同者的永恒轮回哲学》（1935）的系统性的解析，这是把我在马尔堡的几场讲座课做的扩充研究；也写了一篇关于布克哈特的专论（1936）。后来到了日本，则写了《从黑格尔到尼采》（1941），在这本书里我用一种有别于传统的方式，试着把思想家辈出的19世纪历史里的关键性事件呈现出来。非常幸运地，在这本书的研究工作中，我在马尔堡不得不中断的思考，竟能够在日本仙台教书的期间，在日本学生的课堂上继续下去。

在日本，尽管我仍坚持着马尔堡时期便已进行的研究路线，但是我对于这已经不再遥远的东方所带给我的种种经验，并非毫无感受。正好相反，这块土地与民族，连同其细腻的礼仪文化和兴盛的佛教艺术，都给我留下无法忘怀的印象。这种无法忘怀，20年之后，在一次到日本演讲的机会里得到了证实。总之，种种日本的经验，不是一两句话可以说清楚的。让一个欧洲人感受良多的，自然不是旧日本不断进步的现代化，而是其东方传统，以及其原初的神道教的持续保存。见到他们对所有自然现象与日常事物的民俗祭祀之后——包括对太阳、月亮、生长与消逝、季节、树木、山、河流与岩石、生殖力与粮食、稻苗与筑屋、祖先与天皇家族——我才第一次对希腊人与罗马人的异教文化与国家宗教也有了一些了解。他们的共同点，在于对无所不在并高于人类的力量有一种敬畏与崇拜。这些力量用日文来说叫做 Kami，用罗马人的话来说是 superi，字面上它们的意思都是一样的，也就是"在上者"，凌驾于我们人类之上者。由于这种人类日常生活里对高于人的力量的崇敬，他们对于重大不幸事件的自然态度是一种无条件的顺从，不管是由地震与台风还是战争与炸弹所造成。人们根本不把自己的生命看得那么不得了的重要，而且为了一些我们欧洲人难以理解的事由，往往轻易地奉献自己的生命。随着带有个人意识主张的西方文明在日本逐渐生根茁壮，这种顺从也就随之消逝——这种西方文明所采取的是科学进步，以及为此进步而服务的马克思主义。一个日本社会学家有一次对我说："你们既然教了我们科学技术，现在也应该让我们明白，要怎样才能驾驭这些技术，却又不会迷失自己。"

在日本，没有人会期待一个外国人应该入境随俗，也就是不期待他归化东方文化。他们想从他身上学到欧洲人的思考方式，于是我可以用我的母语讲课。在美国——这个曾经的欧洲殖民地，因为在现代世界发展的方向上，大大超越了欧洲，以至于成为"西方"独一无二的代名词——如果一个外国人希望别人接受的话，是无法完全躲避这种融入美国生活方式的要求的。特别是你不只得说英文，还得学习用英文思考，因为一直勉强地把德文翻译成英文是不够的。在这个过程里我也发现，许多有名的德文书其实书写及构思都很差。在一所新教神学学校的讲课经验里，我认识到一种基督教，这种基督教在社会与道德行为上影响力很强，但是作为一种信仰，却更接近 18、19

世纪的进步信念，反而与新约圣经距离较远。在这所神学学校教书，使我有机会进一步研究教父思想，我于是从中做了一个计划，要对从维柯到黑格尔与马克思的历史哲学思想架构做完整的研究，并且着眼于这个架构是如何受到更早的历史神学所决定的。这个"进步"的核心概念——"向一个未来的目标前进，过去只是对于这未来目标的准备"——可以追溯到从旧约圣经进步到新约圣经的进步原型，以及追溯到（教父神学中的）目的论式的思考图像，比如"（旧约只是）新约之准备"（praeparatio Evangelii）、世界"朝着"一个未世的目标"前进"（procursus）。历史哲学之诞生于历史神学，还有一个间接的证明，那就是在希腊思想里完全没有"以历史为对象的哲学"这回事。在希腊思想里，历史完全是史学家的事情。然而这种历史哲学的建构之所以缺乏，有一个正面的原因：在变化多端的事件里，在历史的偶然（tyche）里，并不存在一门专门的知识，而是只有一种只容许叙述与历史考察的存在。我以英文发表的《历史中的意义》（Meaning in History），后来译成德语时改成了更恰当的书名《世界历史与救赎历史》，它的目的是批判性的，旨在导出：对于历史不可能有哲学这回事。我的这个目的后来常常被误解成一种正面的基督教的立场，因为这主张看起来跟新教神学一些特定的趋势若合符节。然而我希望我的这本小书《知识，信仰，怀疑》（Wissen, Glaube und Skepsis），已经排除了此一误解，而且也已经与神学界在下面这一点上取得共识：此世的智慧，拿到上帝的眼前不过也只是愚昧而已。我很愿意利用这个机会，向我在海德堡大学的神学伙伴与朋友表达感谢，感谢他们总是以基督徒式的耐心，来面对我常带有破坏性的神学讨论。或许我们也已经彼此同意，旧约与新约圣经里，并没有一个由自身所推动而运转的大自然，也没有一个由大自然来规范秩序的世界，也就是说，既没有一个古希腊意义下的宇宙（Kosmos），也没有一个现代历史意识的、实存的历史性意义下的历史。大自然的"自然生成"的性质，希腊文所称的 physis，在经过了近代的物理学的洗礼之后，已经离我们而去；而人们原本对政治史不偏不倚的观察角度，也受到了历史研究里的思辨神学的扭曲。这种在历史哲学里由于神学立场所导致的种种讨论，在物理学的机械的世界图像里也有其对应之处：这机械的世界图像同样也是来自神学，而不能追溯到古希腊的宇宙论。这种图像其实是把圣经中的创世论给世俗化——创世论里的上帝不是秩序宇宙的一个宾语，而是一个超越世界的主体。原先的"上帝构造宇宙说"在牛顿那里还仍旧是关键的思想，到了康德与拉普拉斯[1]的手里，则代换成一种人类理性的构造，使得神性创造者的假设成为多余。对康德来说，假设我们认识普遍的重力原则，那么只要用一块材料就足以说明世界是怎样被"创造"出来的。然而在一个没有生命与精神的机械世界的体系里，要如何也能诞生植物、动物与人类以及人类的历史，这个问题，

1　皮埃尔·西蒙·拉普拉斯（Pierre Simon Laplace, 1749—1827），法国物理学家。在天文学、概率论与数学物理学上有重要的贡献。

从牛顿的"世界科学"以及一个缺乏古希腊人所说的"逻各斯"（Logos）与"自然"（Physis）的物理学的观点来看，一直都是一个无法解决的谜团。

历史之本质与意义，若要得到哲学上清晰的呈现，既不能通过神学，也不能通过黑格尔思辨的、孔德实证的与马克思唯物的历史哲学——他们的末世学思考图式比起神学实是不遑多让。而把"俗民"的历史，通过将此历史关涉到人存在的基本面向，变成一个每个人个别独有的"历史性"，也同样不能达成这个任务。把历史之命运加以对象化，使之成为一种"存在"之普遍特性，这更是行不通。所以，如果以上这些办法都不能对历史的本质与意义，做出清晰的哲学解释，那么便不只这个或那个对历史的解释值得我们质疑，而且连那个在所有诠释里都被预设的历史性的世界的概念，也会变得十分可疑。

自然的世界之所以是一个世界而非一团混沌，是因为它自己是受大自然规范的，也就是说，它是一个古希腊人所说的"秩序宇宙"（Kosmos）。而所谓的历史性的世界也是这样，只有当在它之内有一个运行的秩序时，我们才能称它为一个"世界"。这一个秩序原则，从时间进程上来说，在孔德是一种持续的进步，在黑格尔是一种辩证的进步，在马克思则是一种矛盾斗争的进步，而且这些进步都通往一种完成。然而一切的历史经验却显示，人类在他们的共同生活之中，不管是在最亲密的圈子里还是在最大的范围内，的确是依赖一种共同的秩序，而且其权威与正义也受到一般的承认，但是历史也同样显示出，每一个这种法律秩序维持的时间都相对短暂，不多久就会被打破、崩解，然后一个新的秩序又重新被建立出来，从来就没有达到一个终点，没能达到历史的前进所要完成的目标。就算在一特定时代的前进之中，一个阶段似乎还是会依照着某种法则而演变到另一个阶段，因为特定的决定总会产生特定的结果；可是在这些事件的前进过程当中，环境里的偶然因素、人类意志的多样以及反复无常的程度，同样是可以等量齐观的关键因素。"一切的一切，本来也可以发展成别种局面"这样的想法，是没有办法被抹掉的。黑格尔打算把历史合乎理性而又内在必然的进程里的偶然成分完全取消，但却无法达成此一目的。他把按照这个方针建构起来的历史哲学，变成了一个"哲学性的世界历史"，跟他建构哲学史的方式一模一样，而这建构根本上说来，是从事实上所发生结果的观点来完成的。这种将世界史当成一个世界法庭，以为那合法与理性的元素，必然得到应有的裁决的信仰，已然变得如此不可置信，就像更早之前对于神的指引与天命的信仰一样。历史的"意义"这个问题，在我的《从黑格尔到尼采》一书里（见第一版的前言），便已经占有核心地位。在《世界历史与救赎历史》一书中，我则在一定程度上对这个问题做出了回答，我在那本书中试着指出，只有在救赎史观的信仰里，历史意义的问题才能得到间接的答案，而且就算如此，这答案也仍然十分可疑。而这历史意义的问题，终究得超出历史性的世界及历史性的思考方式之外，而指向世界本身，也就是说，指向大自然意义下的存在之统一性与整体性。在这个宏观与整体的世界面前，追问"为什么"与"有何最终目的"这样的意义问题，便失去意义，因为这个大自然意义下的存在整体，这个我们所称的世界，无法成为它自己以外的任何东西，更遑论将来会成为那样的东西。作为存在物的整体，这世界早已是完整而完全独立自存的，也一直是其他一切不能独立自存的存在物的先决条件。然而一个彻头彻尾不能独立自存的存在物，正是人类这些自称为"我"、会自我主张，同时在大地上创出了一个自己的历史世界的芸芸存在。作为人类史的世界，这样的世界是相对于人类的，是他的世界，但不是"自在"（an sich）的世界，或者说，不是一个在自己身上的世界。唯一能够从自己出发而运转与续存的，只有自然世界。无论人类花多大力气将自然收为己用，无论他们对自然的宰制能够扩大到什么程度，自然的世界都不会成为我们的"周遭世界"，而永远都仍是它自己，正如用海德格尔存在主义哲学的语言来说，正是在"存在"之为"它自己"的这一点上，"存在"才显现自己。这个世界不是许多其他世界之中的一个，也不仅仅是一个康德的"观念"（Idee）或胡塞尔的"视域"（Horizont）或海德格尔的"筹划"（Entwurf），而是一个唯一的完整而真实的世界。我们甚至可以比照神学里的上帝存在论证对上帝所做的论断来说这个世界：在这世界之中，不可能想象比世界更大的东西。然而这世界之存在一点也不需要被证明，因为它以日常的方式持续显露着自己。我们对自身适合此世界的程度如此无知，跟那些在飞行中以太阳的位置来辨认方向的候鸟完全一样；我们不能片刻离开世界而存在，但是世界也不能片刻没有我们。我们同样不能设想，在世界诞生之前或者之后的状态是怎么回事，而只能设想在一个早已一直存在的世界当中的状态的变化。唯一的例外只是，假如有人设想一个绝对虚幻的无，从这个无里面什么也产生不出来，那么这个无也就是一个没有世界的无。

在这样的思考路线下，我在最近一次于马尔堡举行的德国的哲学会议上（1957），选择了"世界与世界历史"作为演讲的主题，而这主题同时也是我1958年秋天在日本一系列演讲的主要内容。我的思想"经历"因此似乎来到了一个合乎一贯性的终点，并且经由绕路而终于到达了真正的哲学的开端。这经历从我对最亲近的周边世界（Mitwelt）的分析开始，经过中产市民社会的世界、从黑格尔到尼采的历史——尼采"对世界的新阐释"在"永恒轮回"的理论中达到高峰——然后在消除救赎史观的过程里，来到了世界历史，最终到达对世界本身的疑问——人与历史都只存在于其中。在这个对我们来说是最后，但是就事情本身来说是最先的问题上，我们终于又来到古希腊哲学开始的地方，意即那些标题为"论世界"（Peri kosmou）的作品。赫拉克利特便说过，世界从来都是"同一个"，"为一切，也为所有人"，不由任何神或任何人所创造。

我们并不因此对神与人类的问题弃之不顾，而是多少把它关联到这自然意义下的存在者之整体里面来，也就是说，关联到古希腊人的秩序宇宙。所谓神性，作为一个整体的（所以也是完美的）秩序宇宙的宾语，便不能是一个立于世界之上与之外的人格神；而人既然是超越世界的神的仿像，因之也不再是独一无二的存在，反而是跟每个有生命的生物一样，都是一个世上之存在（Weltwesen），这个世界正是通过这世上之存在而有所表达。然而这有生命的世界，竟然能够产出像人类这样的存在来，实在是一个谜。若我们想到，人类既非来自一个超自然的起源，又不能毫无断裂地回溯到动物的源头，因为他的"本性"从一开始就是"人性的"，那么这个谜团也就更费解。人类的语言也是一个同样令人费解的谜题，因为这语言并不诞生于神的启示，又不能从动物们无言的语言里推导出来。因此在某个时代里，必定产生了某种跳跃，以至于人类得以出现，来把这无条件被给予的世界以及他自己当成一个课题，并且加以质疑。

如果我在结尾处被允许回过头来提一提这一场自我介绍的机缘，我便无论如何都会谨记着，在当年与现在的海德堡科学院院士里，有胡塞尔、雅斯贝尔斯与海德格尔三位先生。谁要是提到他们的名字，而且也看过他们的著作，那么他一想到自己所写的东西，心里大概多少都会想起贺拉斯[1]的一首诗里的这几行吧：

　　劣于祖辈的父辈生下了

　　1　指罗马诗人昆图斯·贺拉斯·弗拉库斯（Quintus Horatius Flaccus, 65—8 BC），下文的三行诗出自《诗篇》（*Odes*）第三卷第六首46—48行。

更无用的我们，而我们很快又要养出
还要糟糕的后代。

然而对于这持续着的衰败，我们或许可以在康德的提示里
得到安慰：在这最终的时代里，世界的末日仿佛已经近在眼前，
但这时代所提示的"现在"，其实跟历史本身一样的古老。

补记

关于我先生是在什么情况下拿到马萨诸塞州剑桥镇怀德纳图书馆[1]的有奖征文广告，细节我已经不复记忆。那时我们已经在日本住了四年多，两人也都还没到过美国。我猜想这份广告是哈佛大学为了收集文献的缘故而寄给他的，其他许多因为希特勒而被迫流亡的人也有收到。当时我们计划于次年移居到美国麻州，那里的哈特佛神学院（Theologisches Seminar in Hartford）已经有一个位置在等我先生前去任职。因为考虑到移居美国之所需，所以这份以美金颁发的奖金，对于我们来说有相当的吸引力。先前我们是靠着在德国学生时代的朋友关系而来到仙台的，这是日本北部最大的大学。一开始，壮丽的风景、非基督国度的陌生感以及当地居民的好客，有着很大的魅力。但是几年下来，由于在精神层次上完全的孤立，这样的魅力也就不再那么有吸引力了。在这个中型的、完全由日本人居住的城市里，除了我们之外，只有一个欧洲人库尔特·辛格，此外还有几个美国教师，他们在一所很大的美国高中教书。由于缺乏共同的兴趣，我们跟他们几乎没有来往。在希特勒的德国政府跟意大利与日本结成"轴心国"

1　怀德纳图书馆（Widener Library）属于哈佛大学。

同盟之后，我们的生活日渐受到驻东京的德国"官员"的敌意影响而遭遇困难，他们想尽办法要夺走我先生的荣誉职位。

想到在美国可以接触到西方的文明，甚至有可能遇到德国裔而又专业相同的同事，我们非常向往，我先生于是很快地开始撰写这份报告。尽管有时间压力，他还是在截止期限之前把报告寄出了。他平日便有把想法、跟人的会面与每日的事件翔实记在信件与日记里的习惯，也很喜欢附上适当的照片、明信片或剪报等图片——这本书的图片部分便是从中整理出来的。这个习惯，对他撰写这份稿件是很大的帮助。我先生在当时与事后，都没有打算过要出版这份报告，我也不记得是否曾经得到过什么回音，后来又是谁赢得了这个奖项。

次年，也就是 1941 年，我们全力忙于结束仙台的居留以及移居的事情。这次我们搭乘的又是一艘日本的蒸汽轮船，到达旧金山之后改搭铁路，横跨整个大陆，前往纽约，最后在哈特佛落定下来。在旅途上我先生便开始学英文了，因为他几乎一到神学院就必须开始授课，所以语言问题是最紧迫的问题。

在哈特佛神学院待了一段时间之后，我们取得了美国公民的资格。八年以后，我先生受聘到纽约的"社会研究新学院"任教。在这个独一无二的西方学者汇聚之处，集合了许多重要的人物，我们很享受他们所带来的各种激励。在这期间，二战已然结束，我们本来没有考虑要回到德国，但是这时发生了一件很令人惊讶的事情，一下子改变了我们的整个想法。我先生受邀参加 1949 年在阿根廷门多萨（Mendoza）举行的大型国际哲学会议，这是第一次德国哲学家也受邀的会议。我先生非常的高兴。尽管一个刚取得公民资格的移民并不适合立刻飞往遥远的外国，更何况是前往一个政治上可能很有争议的国家，[1]但他还是成功取得赴会的许可。这趟旅程的序曲，是穿越安第斯山脉的壮丽飞行，接着是在门多萨与老朋友老同事的重逢，当中有些是他从学生时代就认识的。

在那以后，在海德堡与纽约之间，他们交换着各种计划与可能性；然后他们邀请他到海德堡客座一个学期，最后则请他接任海德堡哲学系正教授的职务。这大概特别靠了伽达默尔的关照。

1949 年，我也试着拜访了颇遭折损的娘家与仍然灾损惨重的家乡，我先生对于返回海德堡的愿望非常坚定，因此连我也开始可以想象回国是有意义的了。这个决定，在从我们回国的 1953 年起到他于 1973 年去世为止的 20 年里，确实给我们两人带来了幸福的生活。

然而，这一份所谓的"哈佛报告"却没人再想起了，一直到我先生死后，我整理他的文件时重新看到为止。重新读起这份如此久远的报告，令我深为感动。于是我也拿给几个朋友看。他们全都很感兴趣，也有几位读了感慨万分，于是在他们的建议之下，我决定让这份报告公之于世。

海德堡，1986 年 2 月

埃达·洛维特

---

1 阿根廷此时是在庇隆的军事独裁统治之下。